Asien im Wandel

Eine Reise in die Missionsländer Asiens

Texte von Michael Griffiths
Fotos von Fritz Fankhauser

Brunnen Verlag · Gießen/Basel

Printed in Singapur
by Tien Wah Press Ltd.

Aus dem Englischen von Karl Lagershausen

ISBN 3 7655 0429 7

Asien im Wandel

Inhalt

Kapitel 1

Asien im Wandel

Alt und neu gehören in Asien ebenso unzertrennlich zusammen wie süß und sauer bei chinesischen Speisen. Moderne Wohnblocks zwischen alten Gassen in Hongkong.

„Veränderung bedeutet Leben. Das Sterben hat dann begonnen, wenn wir aufhören, uns zu wandeln, wenn wir uns nicht mehr anpassen und der veränderten Situation nicht mehr wirksam begegnen können." So formulierte es Ministerpräsident Lee Kuan Yew 1967 in Singapur.

Asien verändert sich immer schneller. Wer die in ihrer Unterschiedlichkeit so faszinierenden Länder Asiens häufiger besuchen kann, kommt aus dem Staunen nicht heraus. Die Szenerie in diesen Ländern verändert sich ständig. Aber das sind alles andere als Verfallserscheinungen; konstruktiver Optimismus bestimmt vielmehr den Lebensrhythmus Asiens und führt dazu, die Lebensbedingungen der Bevölkerung zu verbessern.

Dieses Buch will wie in einem Kaleidoskop Fragmente zu immer neuen Bildern zusammenfügen, aber auch über die Impressionen hinaus gewisse Grundformen und -muster erkennbar werden lassen.

Wohin führen die Veränderungen in Asien? Bedeuten diese Veränderungen immer auch Verbesserungen? Wie sieht Asiens Weg in die Zukunft aus?

Willkommen in Asien!

Nach der Ankunft in einem der großen Seehäfen beeindruckten den Besucher früher vor allem die Gerüche des Fernen Ostens.

Es gibt sie auch heute noch, die appetitanregenden Düfte! Dieses Gemisch aus Schweinefleisch süß-sauer und Knoblauch, Weihrauch und Räucherstäbchen, exotischem Sandelholz und von allerlei Früchten. Dennoch beeindrucken den Neuankömmling weniger die Gerüche als vielmehr die Geräusche; besonders der ohrenbetäubende Lärm der Düsen-Jets, die alle größeren Städte Asiens anfliegen. Schon deshalb ist es problematisch, vom „Fernen Osten" zu sprechen, zumal für uns der Anspruch, Europa als den Mittelpunkt der Welt,

Europäische Kaufleute kamen einst nach Asien, um Seide, Tee und Gewürze einzukaufen. Heute bringen die Handelsschiffe asiatische Produkte aller Art nach den Märkten in der ganzen Welt.

als Ausgangspunkt für jede Orientierung anzusehen, ohnehin keine Gültigkeit mehr besitzt.

Einige Touristen kommen immer noch mit dem Schiff – gewöhnlich ältere Leute, die genügend Zeit und Geld für eine ausgedehnte, teure Reise auf einem Luxusdampfer haben. Die billigen Charterflugzeuge bringen dagegen in Scharen junge Besucher ins Land. Sie kommen in zum Teil abenteuerlichen Kleidern und Gewändern. Im Blick auf ihren Haarschnitt müssen sie allerdings vorsichtig sein. „Zutritt für Hippies verboten", steht auf einem Schild in der Empfangshalle des Flughafens von Singapur, oder auf einem anderen im Postamt: „Leute mit langem Haar werden zuletzt bedient". Mit Außenseitern der Gesellschaft und den ewigen Protestlern des Westens will Asien nichts zu tun haben. Auch die „Drogen-Kultur" versucht man unter allen Umständen fernzuhalten. Sie ist ebenso unwillkommen wie früher das Opium in China. Schallplatten, die im Westen durchaus als harmlos gelten, dürfen in Singapur nicht verkauft werden.

Obwohl heute weniger Passagierschiffe anlegen, sind die Häfen Hongkongs und Singapurs wie eh und je voller Leben – wenn auch nicht gerade von appetitanregenden Düften erfüllt. In Hongkong werden täglich mehrere tausend Tonnen Abwässer in das Meer geleitet und von den Gezeiten hinweggespült. Die in den Himmel wachsenden Hochhäuser scheinen den Jumbo-Jets den Luftraum streitig machen zu wollen. Hongkong führt im Augenblick mit vier Stockwerken vor Singapur: Das Gebäude der chinesischen Überseebank mit 52 Etagen und 201 m Höhe ist das zur Zeit höchste Bauwerk. Der ohrenbetäubende Lärm startender und landender Flugzeuge bleibt der beherrschende Eindruck. In den Wartehallen der Flughäfen allerdings geht dieser Lärm im lauten Stimmengewirr fast unter, wobei das

Ultramoderne Bauten in Hongkongs Stadtteil Kowloon (Bild rechts) oder in Tokio (linkes Bild).

Die Dorfbewohner in Nordthailand tragen noch ihre schönen Stammestrachten: Diese Frau (links) gehört zum Stamm der Yao.
Alte Waschmethoden und moderne Waschmittel in Taiwan (rechts).

Der Tanz, früher religiöses Ritual, ist zur Attraktion für Touristen geworden (linkes Bild). Eine lebhafte junge Dame (rechts) aus Lawas/Sarawak als Vertreterin der jungen Generation.

Eine Frau vom Stamm der Akha im gebirgigen Nordthailand in ihrer Küche. Sie trägt die typische Tracht ihres Stammes (gegenüberliegende Seite).

Die Berge und die Reisfelder Taiwans (Seite 12/13) zeigen zugleich Schönheit und jahrhundertealte Tradition des ländlichen Asiens.

Bilder, wie man sie in Asien nebeneinander sieht: Die beiden jungen Frauen bewegen ihr Boot noch mit dem Paddel fort, während die Männer schon „motorisiert“ sind. Daneben der langsame Ochsenkarren.

Das überfüllte Motorrad und die prächtige Dekoration auf dem Bus entdeckte der Fotograf auf den Philippinen.

Tokios Verkehrswege sind nach Arbeitsschluß überfüllt mit müden Pendlern, die zu ihren Hochhauswohnungen in den Vororten zurückkehren.

Herkömmliche und moderne Hochbauten: Eine Pagode in den Bergen Taiwans (oben) und Hochhäuser in Hongkong (links). Durch ein massives Bauprogramm versucht man in Hongkong, mit der Wohnungsnachfrage Schritt zu halten. Die moderne Bauweise verändert auch das Leben der Menschen. Manche versuchen, den engen Wohnungen zu entrinnen, und bevölkern die Einkaufsstraßen und Parks.

schrille einheimische Kantonesisch vom vielsprachigen Chor der japanischen Touristen beinahe noch übertönt wird.

Touristen mit japanischen Fotoapparaten und Kassettenrecordern trifft man überall. Sie bestaunen Überreste europäischer Eroberungen: Die Burgen von Malakka und Makassar, die Gärten Raffles in Bogor auf West-Java, die Bauwerke der Portugiesen in Macao. Sie essen französisches Weißbrot in Laos, rümpfen ihre Nasen bei Fahrten auf den stinkenden holländischen Kanälen in Djakarta, erfreuen sich auf den Philippinen an spanischer Gitarrenmusik und der malerischen spanischen Kleidung. Schließlich stoßen sie in Taiwan auf japanische Architektur und Eisenbahnen, wobei man sich erinnert, daß nicht alle Kolonialmächte aus Europa kamen.

Die Sprache ist das langlebigste Vermächtnis des Kolonialismus. Bis 1975 war Französisch die Unterrichtssprache an den Universitäten Kambodschas, und auf Java bevorzugen noch heute viele Chinesen und Indonesier die holländische Sprache. Die ältere Generation in Taiwan und Korea versteht Japanisch, spricht heute aber doch lieber die Muttersprache. Englisch ist als Unterrichtsfach und -sprache in Asien weit verbreitet. Es ist für den größten Teil der Bevölkerung Singapurs und der Philippinen die wichtigste Sprache.

In allen asiatischen Dialekten finden sich Leihgaben europäischer Sprachen: z. B. „texi“ (Taxi) im Malaiischen oder den kaum noch erkennbaren Ausdruck, den die Japaner vom deutschen Wort „Arbeit“ abgeleitet haben. Hinzu kommen die unmöglichsten Abkürzungen wie z. B. „masukomi“ für „Massenkommunikationsmittel“ im Japanischen.

Auf den Philippinen steht in der Nähe des Taal-Vulkans die älteste römisch-katholische Kirche Asiens. In Djakarta finden wir die älteste protestantische Kirche, die – zunächst katholisch und portugiesisch – ihre „Bekehrung“ auf Geheiß der Holländischen Ostindien-Kompanie erlebte.

Gibt es den neuen Menschen?

Asien aber lebt nicht von westlichen Kulturgütern, sondern viel stärker aus seiner eigenen Vergangenheit. Beweise für den ausstrahlenden Ideenreichtum Asiens finden sich überall in den alten Religionen. Der indische Einfluß wird schon in Namen wie „Indochina“ und „Indonesien“ deutlich. Auf Java steht der prächtige buddhistische Tempel von Borobadur, während Bali noch überwiegend hinduistisch ist. In der Nähe Djakartas können die Touristen abends alten indischen Tänzen zuschauen, die als Teil der Wayang-Aufführungen vor den Kulissen ehrwürdiger Ruinen der Prabanan dargeboten werden. In Hirosaki, im Norden Japans, haben sie die Möglichkeit, in der Nähe einer Burg unter blühenden Kirschbäumen spazierenzugehen. Aus der Ferne leuchten die schneebedeckten Gipfel des Iwaki. Zusam-

Arbeiter an einem Tempel in Taiwan.

mengedrängt in zwei Straßen stehen sechsundzwanzig Zen-Tempel, die alle wert sind, besichtigt zu werden.

Gleichzeitig begegnen die Touristen den „neuen“ Religionen Asiens. Nach dem Krieg haben sich allein in Japan über hundert davon entwickelt und beim Erziehungsministerium registrieren lassen; beispielsweise die militante Sookagakkai, deren politischer Zweig „Saubere Regierungs-Partei“ genannt wird, oder in Korea die Einheitskirche des Herrn Moon, die sich modernster Methoden zur Verbreitung ihrer Lehren bedient. Auf den Philippinen bewundern Besucher die wie mit weißer Spritzglasur hingezauberte Architektur von Kirchen der Manalo-Sekte. Die alte Religion Mammon, die Vergötterung des Geldes und des kapitalistischen Materialismus, findet sich genauso wie die Vergötterung des Staates, der den Fortschritt in der „neuen Religion“ eines Marx, Lenin oder Mao sucht.

Alt und neu gehören in Asien ebenso unzertrennlich zusammen wie süß und sauer bei chinesischen Speisen. In Hongkong schwimmen Luftkissenboote neben Dschunken, und auf immer mehr alten chinesischen Hausbooten werden Fernsehantennen angebracht. Im Straßenbau Thailands arbeiten sowohl Elefanten als auch Planierraupen, und den mächtigen Mekong-Fluß kann der Tourist im Einbaum oder mit dem Hubschrauber überqueren.

Fast alle Regierungen bemühen sich darum, moderne Vorstellungen vom Menschen und seiner Umwelt zu verwirklichen. „ Singapur

Die althergebrachten Hausboote in Westmalaysia.

Eine für Asien typische Großstadtszene in Taiwan: Bunte Reklame und verstopfte Straßen.

ist grün und sauber" – wobei mit Geldstrafen nachgeholfen wird, wenn jemand etwas auf die Straße wirft. Der „neue Filipino" ist das Ziel der rigoros durchgesetzten „Ordnung" auf den Philippinen. Ein offizielles Papier der japanischen Regierung in Tokio versucht, „das Bild des Japaners, so wie er sein sollte" zu zeichnen.

Diesen Versuchen, den neuen Menschen zu schaffen, fügen sich aber nicht alle, und es gibt viele Außenseiter: Die Oppositionellen in den Urwäldern Malaysias oder auch die „Dreimal Negativen" – d. h.: kein Interesse, keine Empfindungen, keine Begeisterung – in Japan. Neue Religionen nehmen den Platz der alten ein. Menschen, die bis vor kurzem in kleinen Reihenhäusern lebten, verbringen ihr Dasein nun in aufeinandergeschichteten Wohntürmen. An den Küsten Ja-

Technologie ist keineswegs eine moderne europäische Importware. Fabrikarbeiterinnen in Taiwan bauen elektronische Geräte zusammen, die in der ganzen Welt verkauft werden. Nach Feierabend radeln die Arbeiterinnen zu ihren Wohnheimen. (Siehe auch die Bilder auf den Seiten 28, 34, 76.)

pans waten sie nicht mehr durch Seetang, sondern durch Abfallhaufen aus Plastikbeuteln und Plastikflaschen.

Läßt sich aber der alte Mensch überhaupt durch einen neuen ersetzen? Hat Asien die Lebensform für den Menschen gefunden, der sich in seiner neuen Umgebung fremd fühlt, weil die Technisierung schon so viel Schaden angerichtet hat?

Eine moderne japanische Kurzgeschichte zeigt, wohin unser Weg führen kann... Hauptverkehrszeit am Abend. Pendler steigen aus den Zügen; Männer in dunklem Anzug, mit dunklem Haar und dunkler Hornbrille. Alle tragen die fast gleiche Mappe unter dem Arm, eilen der Hochhaussiedlung zu, passieren eine Reihe von Eigentumswohnungen, die sich nur durch die Hausnummer voneinander unterscheiden. Einer dieser Männer hat seine Hausnummer gefunden. Er steigt die Stufen der überall gleich aussehenden Treppenaufgänge hinauf und schließt eine der genormten Türen auf. Während er eintritt, merkt er, daß etwas nicht stimmt. Seine Frau hat die Couch umgestellt und einen der dazugehörenden Sessel auf die andere Seite des Zimmers gerückt. Im Bücherregal stehen ein paar neue Bücher, und die Bilder an den Wänden sind ausgewechselt worden. Seine Frau kommt aus der Küche. Sie trägt das bekannte Kleid „von der Stange", – aber ihr Haar ist anders frisiert! Ein alarmierender Blick macht ihm deutlich, daß sich auch ihr Gesicht verändert hat. O Schreck, das ist gar nicht seine Frau! Er hat sich geirrt und ist eine Etage zu hoch gestiegen. Verlegen entschuldigt er sich, und während er die Treppe hinuntereilt,

Gleichen die Stadtlandschaften Asiens bald einem Insektenstaat, in dem der einzelne programmiert ist auf ein stereotypes Dasein, ohne Freiheit, ohne Persönlichkeit?

trifft er einen Herrn, der ihm auffällig ähnelt: das gleiche dunkle Haar, die gleiche dunkle Hornbrille, der gleiche dunkle Anzug und die gleiche Aktentasche.

In seiner eigenen Wohnung angekommen, versucht er seine Erfahrung zu analysieren: Alle Räume in diesem Viertel haben die gleiche Form und Größe. Überall steht das Fernsehgerät in der gleichen Ecke. Die Möbel wurden und werden im gleichen Kaufhaus gekauft. Fast immer füllen die gleichen Bücher die Regale, denn alle haben die gleiche Schulbildung genossen. Sie alle benutzen die gleichen Sprays und Reinigungsmittel, denn alle sehen dasselbe Werbefernsehen. Die andere Frau gleicht seiner eigenen Frau ebenso wie er dem anderen Ehemann. „Das ist ja wie im Ameisenhaufen!“ stöhnt der Mann.

Als er eine Woche später wieder mit dem Zug nach Hause fährt, hat er das angenehme Gefühl, sich von den gewöhnlichen Mitreisenden wesentlich zu unterscheiden. Denn unter all den Männern im vollgestopften Zug trägt er als einziger Dynamit in seiner Aktentasche. Dann aber liest er die Zeitung, und dabei fällt sein Blick auf ein Bild im Lokalteil des Blattes. Es zeigt einen Mann aus der Nachbarschaft. Dieser kam bei einer Explosion ums Leben. Eine Stange Dynamit, die er aus unerklärlichen Gründen in der Tasche bei sich trug, hatte sich entzündet...

Wie kann solch ein Mensch, der durch Massenmedien manipuliert, programmiert und immer mehr gleichgeschaltet wird, zu seiner wahren Bestimmung gelangen?

Kapitel 2

Was wird anders in Asien?

Die Kräfte, die Asien verändern, werden in Pnom Penh besonders deutlich sichtbar: Krieg, Handel, Verstädterung. Neue Wohnblocks neben den herkömmlichen, strohgedeckten Häusern.

Einst stellte man den Japaner dar, wie er gemächlich und graziösen Schrittes unter Kirschblüten spazierenging. Er trug einen Seidenkimono, und im Hintergrund leuchtete der schneebedeckte Gipfel des Fudschijama. Der Typ des modernen Japaners ist der erfolgreiche, golfspielende Industrielle.

Einmaliges, Charakteristisches der verschiedenen Kulturen verschwindet rasch. Das ist bedauerlich, und die Nachbildungen aus Plastik, von der Industrie für Touristen hergestellt, sind kein Ersatz. Ebenso nicht das Showgeschäft mit dem Ainu-Ureinwohnerdorf in Hokkaido oder den Thai-Tänzen in den Hotels von Bangkok. Es scheint so, daß diese kulturellen Werte für immer verlorengehen. Aber die Uhr läßt sich nicht mehr zurückdrehen. Das Alte bleibt uns nur noch in Büchern, in Filmen und auf Fotografien erhalten.

Dieser Wandel wurde besonders durch die Erfindung von Auto und Flugzeug, durch neue politische Ideen, durch eine umfassende und für alle zugängliche Bildung vorangetrieben. Das moderne Verkehrs- und Nachrichtenwesen läßt die Welt kleiner und enger werden, so daß letztlich kein Platz mehr ist für die bunte Vielfalt der unterschiedlichen Kulturen. Alles wird immer stärker angeglichen.

Kaufleute entdecken die Welt

Die großen Entdeckungsreisen in unbekannte Länder wagten meist Kaufleute, die kaufen, verkaufen und Gewinn erzielen wollten. Es waren chinesische Händler, die den „nach Süden weisenden Fisch" entwickelten, ihn zunächst als „nach Süden weisender Löffel" für astrologische Zwecke und später als Navigationshilfe benutzten.

Wie hier in Bangkok sehen die Märkte seit eh und je aus: Nur die Waage ist neuzeitlich.

Schon sechshundert Jahre vor den Europäern verwendeten Chinesen also diesen Kompaß.

Außerordentlich gewinnbringend für unerschrockene europäische Kaufleute waren diese Reisen kurioserweise durch das in Europa besonders im Winter ziemlich fade Essen. Indische Gewürze sollten die dunklen und kalten Monate wenigstens durch ein schmackhaftes Essen etwas erfreulicher werden lassen.

Europäische Kaufleute, die von den Chinesen Seide, Tee und andere seltene Köstlichkeiten kaufen wollten, mußten ihrerseits eine Ware anbieten können, die ihre chinesischen Handelspartner interessierte und die zudem leicht zu transportieren war. Man fand diese Ware: das Opium. Es ist eine traurige Tatsache, daß allein in der zweiten Hälfte des 19. Jahrhunderts im Durchschnitt alle zwei Stunden

Die farbenprächtige Romantik ist noch erhalten im Putz dieses Urstamm-Mädchens in Taiwan.

eine Tonne Opium nach China transportiert wurde. – Auch heute noch bauen Urstammleute in Nordthailand vor allem deshalb Opium an, weil keine andere Handelsware so einfach befördert werden kann und so viel Gewinn bringt. Obst und Gemüse läßt sich bei den zum Teil schlechten Straßenverhältnissen in Asien nur schwer und mit Verlust transportieren. Die Früchte sind oft schon verdorben, noch ehe sie auf dem Markt sind.

Durch den abscheulichen Opiumhandel wurde das Vertrauen Chinas zum Westen zerstört.

In Malaya erforderten Tee- und Gummiplantagen billige Arbeitskräfte. Deshalb wurden viele Tamilen aus Indien ins Land gebracht.

Als 1819 auf einer kleinen schlammigen Insel vor der Südspitze der Malaiischen Halbinsel die britische Handelsniederlassung Singapur gegründet wurde, lebten dort nur ca. neunzig Malaien; Piraten, die es auf Schiffe abgesehen hatten, die durch die Straße von Malakka kamen. Wenige Monate später war die Insel bereits von einigen tausend chinesischen Einwanderern besiedelt.

Die Städte Südostasiens wuchsen nicht so sehr durch Zuwanderung der Landbevölkerung als vielmehr durch chinesische Einwanderer aus den Küstenprovinzen Chinas. Sie kamen und kommen bis heute, um möglichst schnell viel Geld zu verdienen. Nicht ohne Grund bevorzugen Studenten aus Singapur und Malaysia auch im Westen wirtschafts-wissenschaftliche Fächer. Gefragt ist auch das Medizinstudium, weil man als Arzt überall Geld verdienen kann. Die Zukunft ist unsicher, und wer weiß, ob man nicht aus politischen Gründen ein Land schnell verlassen muß!

In den Ländern Asiens kommt es oft zu Spannungen zwischen den äußerst fleißigen Chinesen und den eher phlegmatischen Einheimischen, die irgendwann entdecken, daß sich der Reichtum ihres Landes zum größten Teil in Händen der eingewanderten Chinesen befindet. Das trifft für Malaysia, Indonesien, Thailand und die Philippinen zu und ist Ursache für die Spannungen zwischen den Rassen, für Gewalttaten und politische Diskriminierungen.

Der Handel und das kompromißlose Streben nach Gewinn beeinflussen die Gesellschaftsstrukturen Asiens entscheidend. In ganz Ostasien preist buntflimmernde Leuchtreklame japanische Markenartikel an. Honda, Toshiba, Akai, Sony, Mazda, Toyota und National versuchen Kameras, Autos, Motorräder, Kassettenrecorder und Stereoanlagen an den Mann zu bringen. Japanische Firmen betreiben die Industrialisierung anderer Länder – z. B. in Singapur und Taiwan – so intensiv, daß in manchen asiatischen Ländern bereits ein wachsender Widerstand gegen die Ausweitung der japanischen Industrie festzustellen ist.

Ein Opiumsüchtiger und die Kultivierung von Mohn zur Opiumgewinnung (links) sind nicht nur Symbole für den Opiumkrieg und die Politik mit dem Opiumhandel im letzten Jahrhundert. Der Schwarzhandel mit Drogen erreicht heute eine neue Blüte.

Der schwimmende Markt in Bangkok (links); Fischer und zum Trocknen ausgelegte Fische in Thailand (rechts).

Die Landflucht der Bevölkerung in die Großstädte bringt ihre Probleme mit sich. Das schnelle Wachstum Djakartas/Indonesien zu einer Fünfmillionenstadt brachte große Probleme für die Wasser- und Energieversorgung. Die Kanäle, ein Erbe der holländischen Kolonialherrschaft, werden nur zu gern als Müllkippe und Toilette benutzt.

Der kleine Hafen von Masan/Korea verdeutlicht das Wachstum von der Klein- zur Großstadt durch die Entwicklung des Handels.

In Taiwan werden Mädchen für die Fabriken in Kaosiung angeworben, wo mit Hilfe von Technik und billigen Arbeitskräften Waren produziert werden, die den Weltmarkt erobern.

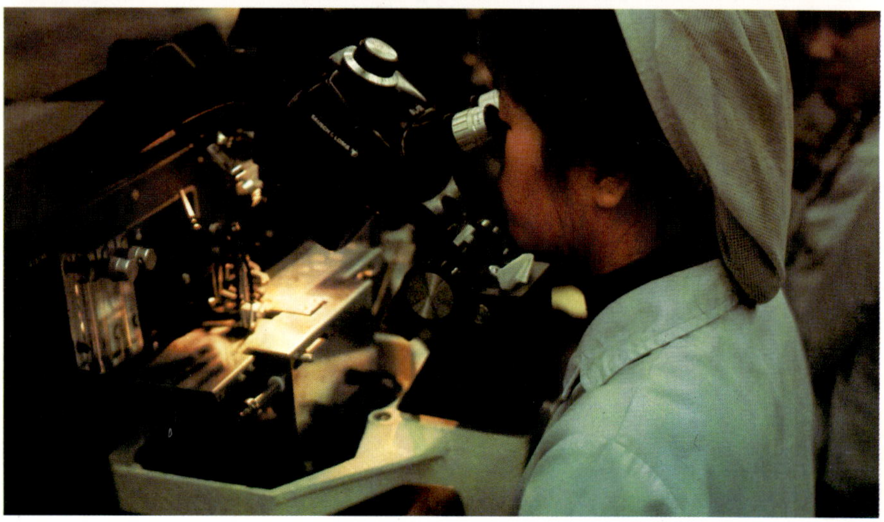

Hongkongs Geschäftsleute im Handelsviertel (gegenüberliegende Seite) sind im Verkauf zollfreier Waren an die Touristen genauso tüchtig wie im internationalen Handel.

大新銀行
九龍
分行
SONY
新力
Peninsula
半島石油
光大行
美蘭
全能洗衣機
國際皮膚專科
SHARP
PIONEER
HITACHI
KWONG TAI HUNG CO.
遠東

Coca-Cola

Lichter blitzen auf, während die Sonne untergeht über Masan/Korea.

Schnee in der nordjapanischen Stadt Sapporo.

Hongkongs berühmter Hafen, und auf der gegenüberliegenden Seite der Bucht Kowloon, das Handelszentrum der Insel Hongkong.

Auf einem Spielplatz in Singapur (rechts) können die Bewohner der Hochhäuser ihre überschüssigen Kräfte abreagieren.

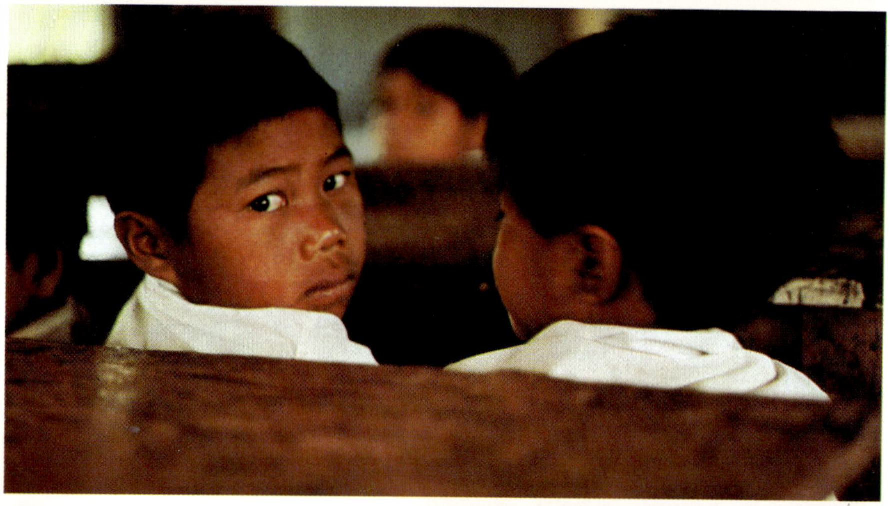

Junges Asien: Kinder in Sarawak, und eine Frau vom Stamm der Karen.

Mit wachsender Industrialisierung ändern sich auch in Asien die Lebensgewohnheiten der Menschen. Die Landbevölkerung entdeckt, daß die Arbeit in der Industrie weit mehr einbringt als schwere Feldarbeit. Bauern und Landarbeiter schaffen sich Motorräder oder gar Autos an und fahren zur Arbeit in die Stadt, oder sie verkaufen ihr Land und ziehen ganz in die Stadt. Die Städte wachsen, und die Bodenpreise steigen ins Unermeßliche. Schließlich werden die Menschen in neugebauten Hochhauskomplexen zusammengepfercht.

Leben in der Großstadt

In Asien gab es schon vor der Industrialisierung Großstädte. Um 1800 hatte Edo, das heutige Tokio, eine Einwohnerzahl von einer Million, aber London nur 600000. Andere südostasiatische Großstädte wie Saigon, Singapur, Hongkong, Djakarta und Manila wuchsen als Zentren westlicher Kolonialverwaltungen. Dienstleistungsbetriebe und wagemutige Geschäftsleute witterten hier eine Chance und siedelten sich an.

Die Verstädterung in Zahlen ausgedrückt, ergibt folgendes Bild:

20 Prozent aller Asiaten leben in Orten mit über 20000 Einwohnern
43 Prozent in Orten zwischen 10000 und 20000 Einwohnern
37 Prozent in Orten unter 10000 Einwohnern

Die folgenden Zahlen veranschaulichen die gewaltige Bewegung vom Land in die Städte:

1. Bevölkerung Asiens:
1920 = 1,023 Milliarden
1960 = 1,652 Milliarden
1980 = 2,404 Milliarden (geschätzt)

Das bedeutet ein prozentuales Wachstum
in 40 Jahren = 61 Prozent
in 20 Jahren = 45,5 Prozent.

Die Arbeit in der Fabrik und das Leben in Wohnheimen zerstören alte Familienstrukturen. In Kaosiung/Taiwan.

2. Stadtbevölkerung (Orte über 20000 Einwohner)
1920 = 66 Millionen
1960 = 276 Millionen
1980 = 536 Millionen

Prozentualer Zuwachs der Stadtbevölkerung
in 40 Jahren = 318 Prozent
in 20 Jahren = 95 Prozent

Studenten in Manila. Ein Universitätsabschluß wird immer mehr zur Voraussetzung für eine Arbeit mit festem Gehalt.

3. Großstädte mit über 500000 Einwohnern
Die Einwohnerzahl von Städten dieser Größenordnung stieg von 1920–1960 um 640 Prozent.

Hieran wird deutlich: Je größer eine Stadt ist, um so schneller wächst sie. Die Zahl der in der Landwirtschaft Beschäftigten sank in Japan nach dem Zweiten Weltkrieg von vierzig auf elf Prozent.

Diese Landflucht veränderte zwangsweise die gesamte soziale Struktur der Länder. Auf dem Lande war nach althergebrachter Tradition der Vater das Haupt der Familie. Die Familie war ein festgefügter Verband, der aus drei oder vier Generationen bestand, die gemeinsam unter einem Dach lebten.

In der Stadt zerbricht diese Familienstruktur. Die einzelnen Familienangehörigen müssen sich Arbeit suchen, leben in eigener Verantwortung, und der Vater ist nicht mehr der, der alles bestimmt. Seine Autorität schwindet. Die Kinder wollen nicht mehr länger bei den Eltern wohnen. Sie sind finanziell unabhängig geworden und können sich ein eigenes Heim leisten, mit dem Farbfernseher in der Ecke, der den Platz früherer Ahnenaltäre einnimmt.

Die ärmeren Landbewohner wandern von den Dörfern in die wachsenden Städte, weil sie hoffen, dort ihr Glück zu finden. Nicht allen gelingt das. Ehe sie sich versehen, landen viele als Außenseiter der Gesellschaft in den neuen Slums der Städte, dem Nährboden für umstürzlerische politische Ideen jeder Art.

Parallel zur Verstädterung wächst auch die Technisierung. Allerdings ist die Technologie keineswegs eine moderne europäische Importware. Die Chinesen waren schon immer sehr praktische Menschen. So benutzten sie schon tausend Jahre bevor das Rad in Europa bekannt wurde fahrbare Karren. Der erste Seismograph zur Aufzeichnung von Erdbeben wurde von ihnen bereits im Jahr 132 n. Chr. gebaut, und als man in Europa Kriege noch mit Pfeil und Bogen führte, setzten die Chinesen bereits Granaten aus Schießpulver und Bambussplittern ein. Sie bauten schon viele hundert Jahre lang Hängebrücken mit Stahlketten, bevor man in Europa auf die Idee kam, Stahlbrücken zu konstruieren. Bereits vor Christi Geburt bohrten sie nach Erdgas, und die Koreaner druckten schon dreihundert Jahre vor Gutenberg mit beweglichen Lettern.

Neu ist also nicht die Fähigkeit, Technologie zu entwickeln, sondern nur das schnelle Wachstum und das Ausmaß der Technisierung.

Der Raummangel in Hongkong treibt nicht nur die Bauten in die Höhe. Auch für den Verkehr gibt es Etagen.

Junge Leute sitzen und plaudern, während über dem Hafen von Manila die Lichter aufleuchten.

Heute ist sie sowohl die Kraft, die hinter all den Veränderungen der asiatischen Gesellschaft steht, als auch das Ergebnis dieser Veränderung. Nicht umsonst ist Japan heute die führende Nation im Schiffbau. Japan nimmt den dritten Platz in der Weltstahlproduktion ein und überflutet die Weltmärkte mit Autos, Motorrädern, Kameras und elektronischen Geräten. Sportgeräte wie Skier, Golfschläger und Bergsteigerausrüstungen „Made in Japan" werden in der ganzen Welt verkauft.

Im Blick auf die Touristik hat die Expansion erschreckende Ausmaße angenommen. In allen großen Städten Asiens wachsen ständig neue Hotelgiganten aus dem Boden.

Die moderne Bauweise verändert auch das Leben der Menschen. Besonders deutlich wird das an den Hochhauskomplexen in Hongkong und Singapur. Obwohl in asiatischen Ländern die Gefahr einer Isolierung des einzelnen – bedingt durch die asiatische Mentalität – nicht so groß ist wie in Europa und Amerika, gibt es eine Menge neuer Probleme. Die Wohnungen haben zwar Trockenstangen für die Wäsche, sie sind mit Fernsehantennen und allem möglichen Komfort ausgestattet, aber für ein Gemüse- oder Blumengärtchen ist kein Platz mehr. Schüler, Studenten oder Verliebte finden kein Eckchen, in dem sie ungestört sind. Sie müssen also in die Parks flüchten oder an warmen Sommerabenden auf den Straßen herumirren. Viele suchen im „Abenteuer" der geisttötenden Monotonie einer technisierten Gesellschaft zu entfliehen.

Krieg und Flüchtlinge

Kriege verändern ein Land schneller und tiefgreifender als jedes Reformprogramm. Japan war in der ersten Hälfte des 20. Jahrhunderts durch seinen Militarismus geprägt. Die japanische Marine bezwang die Russen, und nur wenig später folgte die Annexion der Mandschurei und Koreas. Mit der Invasion in China und dem Blitzangriff auf Pearl Harbour hatte Japan im 2. Weltkrieg innerhalb weniger Wochen fast ganz Südostasien besetzt. Und schon marschierte es in Indien ein, setzte schließlich im Norden Alaska und im Süden Australien unter Druck.

In fast allen ostasiatischen Ländern erinnern sich die älteren Menschen noch an die japanische Besatzungszeit. Wenn ein Japaner sich ergab, verlor er seine Ehre. Aus diesem Grund kam bis kurz vor Ende des Krieges auf tausend Gefallene nur ein japanischer Kriegsgefangener.

Das Kriegsende bedeutete für Japan nicht nur den Zusammenbruch seiner militärischen Vorherrschaft, vielmehr war das ganze Land zerstört und verwüstet. Die Städte Nagasaki und Hiroshima wurden durch die ersten Atombombenabwürfe in Schutt und Asche gelegt und die Hauptstadt Tokio durch tieffliegende amerikanische Bomber systematisch vernichtet.

Die Erfahrung dieser Niederlage wirkt sich bei den Japanern bis heute in einem tiefsitzenden Haß gegen den Krieg aus.

Für Indochina war der Krieg viele Jahre hindurch der bestimmende Faktor. In Vietnam wuchs eine ganze Generation heran, die bei allem, was getan werden mußte, nur den Krieg im Blickfeld hatte, und fast eine ganze Generation junger Vietnamesen kam im Krieg um. Tausende wurden aus ihrer Heimat vertrieben. Vietnam, Laos und Kambodscha leiden unter ihren ungeheuren Flüchtlingsproblemen.

Maschinengewehre und Straßensperren gehören in den Kriegsgebieten Asiens leider zum Alltag.

Jeder vierte Einwohner von Pnom Penh war ein Flüchtling. Die Stadt wuchs von einer halben Million Einwohner auf zwei Millionen. Nach Kriegsende wurden sie gewaltsam vertrieben. Vietnamesische und kambodschanische Flüchtlinge leben in der ganzen Welt; in Lagern in Thailand, auf der Insel Sarawak, die zu Singapur gehört, in Frankreich und den USA. Sie haben Haus, Arbeit und Familienangehörige verloren und sind auf Almosen angewiesen. Ihr Leiden ist unvorstellbar! Internationale Hilfsorganisationen tun zwar ihr Bestes, aber die Regierungen der Gastländer sähen es lieber, wenn die Flüchtlinge wieder in ihre Heimat zurückkehrten.

Die ehemaligen Kolonialherren – Franzosen, Holländer, Spanier und Portugiesen – sind längst aus Asien ausgewiesen worden. Zweifellos ist durch die Präsenz amerikanischer Streitkräfte der Vormarsch des Kommunismus zeitweilig aufgehalten worden. Aber sonst war die

Anwesenheit der Amerikaner nicht unbedingt hilfreich. Das Schieber- und Schwarzhändlertum und nicht zuletzt das Geschäft mit der Prostitution erlebten einen ungeheuren Aufschwung. Wir dürfen nicht überrascht sein, wenn Asiaten – im Hinblick auf das „Vorbild" amerikanischer Soldaten – sagen: „Wenn das Christentum so ist, dann möchte ich kein Christ werden..." Früher war das Opium das große Hindernis für die Verbreitung des Evangeliums in Ostasien, heute ist es der Vietnamkrieg mit allem, was er einschloß.

Ist Gewalt der richtige Weg?

Wesentlichen Anteil an den Veränderungen in Asien hat der Kommunismus; nicht nur in den Ländern, die heute schon kommunistisch regiert werden, sondern auch in denen, die ihn bisher zurückweisen konnten. In Malaysia mußten z. B. verstreut wohnende chinesische Siedler wegen der kommunistischen Guerillas in neuen Dörfern zusammengefaßt werden. Der Umsturzversuch in Indonesien forderte einige hunderttausend Menschenleben. Die Leichen der Hingerichteten trieben tagelang die Flüsse Javas hinunter.

Stacheldraht half ursprünglich den Siedlern im mittleren Westen Amerikas, ihre Viehherden unter Kontrolle zu halten. Heute ist er zum Symbol der menschlichen Unmenschlichkeit gegenüber Menschen geworden.

Nach dem Eindringen der Kommunisten an der Nordgrenze Thailands mußten viele Menschen in südlicher gelegene Landesteile abwandern. In Flüchtlingsdörfern sind sie neu angesiedelt worden.

Während nur die östlichen Landesteile von Laos durch die Kommunisten besetzt waren, flohen viele Menschen aus den Urstammgebieten in die Städte am Mekong.

Kommunistisch gelenkte Studenten in Japan und auf den Philippinen demonstrierten und bewarfen die Polizei mit Molotow-Cocktails. Die Huks, eine kommunistische Bewegung der Philippinen, in den Zentralprovinzen Luzons, befanden sich in offener Rebellion. In ganz Thailand und Teilen Malaysias sind Sicherheitskräfte der Regierung immer wieder unter Druck gesetzt worden.

Diese Vorgänge sind sicher kein Zufall! Das erklärte Ziel der kommunistischen Ideologie ist nach wie vor, die bestehenden kapitalistischen Regierungen zu stürzen; wenn nötig mit Gewalt. Das führte zur Terrorisierung ganzer Bevölkerungsgruppen.

Die Schriften Maos und Marx' haben das Denken der Studenten auch an den Universitäten Asiens geprägt. Durch ideologische Indoktrination und die Gründung aktivistischer Zellen sind ganze Universitäten in Aufruhr geraten. Die Studenten haben die Heuchelei und Korruption der bestehenden Regierungsformen in Asien durchschaut. Sie glauben, durch die Einführung von Marxismus und Maoismus eine Änderung herbeiführen zu können. Werden dadurch aber nicht nur die Verhältnisse umgekehrt? Gibt es denn eine Alternative zum Kommunismus? Ansätze dafür sind zweifellos vorhanden. So verteilten vor kurzem philippinische Studenten Handzettel mit dem Titel: „Ist Gewalt der richtige Weg?" Darin wandten sie sich gegen „die brutale Reaktion der Polizei". Sie schrieben aber auch: „Wir müssen all die Behauptungen nüchtern untersuchen, die eine bewaffnete Revolution als unvermeidlich proklamieren. Die revolutionäre Aktion ist ein fragwürdiges Instrument, um Veränderungen herbeizuführen. Es ist die Frage, ob ein System, das sich aus einem vom Klassenkampf blutgetränkten Land erhebt, besser als das alte ist."

Die Unruhen auf den Philippinen bewirkten positiv, daß man sich den anstehenden Problemen endlich stellte und nach einer Lösung zu suchen begann. Ein Studentenvertreter schrieb: „Die marxistische Analyse über den Ursprung der Korruption enthält viel Wahres. Sie ist aber falsch, weil der Marxismus den Anspruch erhebt, das einzige System zu sein, das diesen Zustand ändern kann. Sein Anspruch auf Sinngebung und damit auf absolute Wahrheit ist nicht haltbar. Oder hat die menschliche Habgier ihre Ursache wirklich nur in wirtschaftlichen Faktoren? Gibt es auch nur einen Beweis dafür, daß ein Mensch selbstlos geworden ist, nachdem seine wirtschaftlichen Bedürfnisse erfüllt wurden? Im Marxismus wird die menschliche Natur zu optimistisch beurteilt. So einfach geht das nicht!"

Eine junge Christin vom Stamm der Akha in Nordthailand beim Worfeln von Korn (gegenüberliegende Seite).

Der Marxismus und Maoismus haben unbestreitbar bei der Veränderung der Gesellschaft in Asien eine wichtige Rolle gespielt. Sie brachten nicht nur reaktionäre Antithesen hervor, sondern deckten auch viele tatsächliche Mißstände auf. Diese neue Schau könnte zu positiven Veränderungen führen, wenn man sich den Problemen stellt. Das Grundproblem – die Eigennützigkeit des menschlichen Herzens – aber bleibt bestehen.

Die Aufgabe der Politiker

Völkische Minderheiten lassen sich nur allzu leicht zu umstürzlerischen Tätigkeiten verleiten. Alle Regierungen Asiens versuchen deshalb, diese Gruppen in den Staat einzuordnen. Bisher als zweitrangig und minderwertig geltende Urstämme werden nun unterstützt. Auf diese Weise sollen sie zu loyalen Staatsbürgern werden.

Manchmal wurde auf diese Menschen auch ganz offiziell Druck ausgeübt, wenn sie sich der führenden Religion des Landes anschließen sollten: dem Buddhismus in Thailand, dem Islam in Malaysia oder der römisch-katholischen Kirche auf den Philippinen. Man kann sich denken, wie heikel ein solcher Versuch ist.

Im indonesischen Grundgesetz liegt ein Hauptgewicht auf der Gottesverehrung. Für „Gott“ wird ein Wort gebraucht, das sowohl Allah als auch den Gott der Christen und auch die Gesamtheit der hinduistischen Götterwelt bezeichnet. So ist in Indonesien der Monotheismus, d. h. der Glaube an *einen* Gott, für die Religionsausübung bestimmend. Viele Animisten – also vom Geisterglauben bestimmte Menschen – haben dem starken Druck nachgegeben und sind entweder Moslems oder Christen geworden. Ausschlaggebend bei dieser Entscheidung sind aber oft nur vordergründige Dinge. So entscheiden sich z. B. alle die für das Christentum, die gern Schweinefleisch essen, weil der Islam das verbietet.

Ein großes Problem für viele Länder Asiens ist ihr hoher Geburtenüberschuß. Auf den Philippinen sind z. B. 47 Prozent der Bevölkerung unter fünfzehn Jahre alt. Verantwortungsbewußte Regierungen bemühen sich intensiv darum, umfangreiche Geburtenkontrollen durchzuführen – und das ungeachtet des Widerstandes der römisch-katholischen Kirche. In Singapur weisen große Plakate darauf hin, daß „kleine Familien mehr Güter haben und daß zwei Kinder genügen, auch wenn es Mädchen sind“.

Problematisch ist, daß meist nur gebildetere und reiche Familien diese Notwendigkeit erkennen und ärmere, weniger gebildete Fami-

Reisernte in den Feldern von Toraja, Sulawesi/Indonesien.

Das Haus eines Mannes vom Stamm der Hanunoo auf den Philippinen.

Die Akhas in Nordthailand stellen Verzierungen für ihren traditionellen Kopfschmuck her.
Frauen kehren vom Markt zurück. In Ranau, Sabah/Ostmalaysia.

Im Westen suchen viele einen neuen Lebensstil als Reaktion auf die Menschenfeindlichkeit der Wohnblocks und die Einsamkeit der Großstädte. In den traditionellen Langhäusern von Sarawak (links) ist das Verhältnis des einzelnen zur Gemeinschaft unproblematischer.

Im Innern eines Langhauses: Jede Familie hat ihren eigenen Raum, während der Gang von allen gemeinsam benutzt wird.

Der Ausweg aus einem sehr menschlichen Dilemma: Ein kinderloses Yao-Ehepaar sucht den Akha-Stamm auf, um ein Kind zu kaufen. Alte Bräuche sind dem Druck des modernen Lebens ausgesetzt. Sie bestehen die Herausforderung oder verschwinden.

In Aberdeen, Hongkong. Auch immer mehr Dschunken und Wohnboote sind mit Fernsehantennen ausgerüstet. Volksgruppen mit völlig unterschiedlicher Vergangenheit sehen die gleichen Fernsehprogramme.

Japanische Kinder in der Schuluniform der Sekundarstufe – und ein japanisches Mädchen in Sapporo auf dem Weg zur Schule.

Bevor die Ampel wieder umschaltet, strömen die Fußgänger über die Straße zur Untergrundstation.

Armut und schlechte Arbeitsbedingungen schaffen aufnahmebereite Zuhörer für politische Ideen jeder Art.

Gewalttaten und Kriege haben an vielen Orten Familien zerstört, das wirtschaftliche Leben ruiniert und Tausende obdachlos gemacht. In Pnom Penh kurz nach einem Raketenangriff.

Im ländlichen Gebiet von Manorom/Thailand verläuft das Leben noch wie in den vergangenen Jahrhunderten – Fischen, Wasserholen, Zeithaben, während die Sonne sich zum Horizont senkt.

lien weiter viele Kinder haben. Einzelne Staaten gehen über die bloße Beratung hinaus und führen Gesetze ein, die dem Geburtenüberschuß wirkungsvoll begegnen sollen. So wird nach den ersten beiden Kindern z. B. kein bezahlter Mutterschaftsurlaub mehr gewährt, und die Krankenhauskosten bei Entbindungen steigen in unerschwingliche Höhen. In manchen Ländern, z. B. in Java, scheint sich ein „Erfolg" der Familienplanung langsam abzuzeichnen. Die breite Bevölkerungsschicht Asiens hat aber wohl kaum begriffen, worum es geht. Familienplanung bedeutet für sie oftmals immer noch ein Kind pro Jahr...

Veränderungen sind notwendig. Wer kann aber auf lange Sicht entscheiden, welche Veränderung gut ist und vor allem, was verändert werden muß? Von daher tragen die Politiker der asiatischen Länder eine besonders schwere Bürde. Denn jede Veränderung hat auch unangenehme Nebenwirkungen. Ein kleiner Eingriff kann häufig eine ganze Lawine in Bewegung setzen.

An all diesen Veränderungen in Asien sind auch außerasiatische Regierungen beteiligt. Mit „Entwicklungshilfen" buhlen die „entwikkelten" Länder in Ost und West um politischen Einfluß. Immer noch wandert ein Großteil der Mittel, die für Entwicklungsprojekte bestimmt waren, in die Taschen korrupter Beamter. Der Gerechtigkeit halber muß aber auch gesagt werden, daß diese Mittel auch für Projekte verwendet werden, wo sie wirklich dem Nutzen der Bevölkerung dienen. So wurden sie z. B. in der Bildungspolitik eingesetzt, vor allem im Universitätsbereich. In Indonesien bildeten die Russen Techniker aus, während Holländer, Deutsche und Engländer wissenschaftliche Einrichtungen erstellten. Die deutsche Bundesregierung schuf zusammen mit der Regierung Singapurs eine Ausbildungsstätte für Studenten aus ostasiatischen Ländern. Außerdem konnten viele asiatische Stipendiaten im Westen studieren. Das sind wertvolle Hilfen zum Nutzen der asiatischen Völker.

Autoschlosser mit Universitätsabschluß

Wo ganze Bevölkerungsschichten von neuen, revolutionären Ideen umworben werden, spielt die Schulbildung eine wesentliche Rolle. Wer erst einmal lesen kann, dem kann nur noch eine scharfe Zensur den Weg zu „unerwünschten" Ansichten verwehren. Man besitzt

Ein Bücherstand auf dem Nachtmarkt. Bildung und insbesondere das Lesen hat den einfachen Leuten weite, neue Lebens- und Erfahrungsbereiche eröffnet.

dann nämlich die Freiheit, seine Informationsquellen selbst zu wählen.

Nach dreihundert Jahren holländischer Regierung, am Ende des Zweiten Weltkrieges konnten nur elf Prozent der Bevölkerung Indonesiens lesen und schreiben; zwanzig Jahre später schon fünfundsechzig Prozent. Das sind etwa 50 Millionen Menschen mehr. Nachdem sich Südostasien dem direkten Einfluß der Kolonialmächte entzogen hatte, wurde ein allgemeines staatliches Schulwesen nach westlichem Muster entwickelt. Als neues Ziel galt die „Bildung für jedermann".

Heute erlangen in Indonesien doppelt so viele Schüler wie vor zehn Jahren eine höhere Schulbildung. In Thailand sind es sogar dreimal, in Malaysia sechsmal und in Kambodscha fast zehnmal so viele.

Dieser Aufschwung hat aber auch seine Schattenseiten: Die Lehrer wurden in solcher Eile ausgebildet, daß sie ihre Materie nicht genügend beherrschen. Also sinkt allgemein das Bildungsniveau, auch das der Universitäten. Viele Schüler verlassen zudem die Schule, ohne ihre Ausbildung beendet zu haben. In Malaysia haben von tausend Anfängern fünfzig die höhere Schule bis zum Abschluß besucht, in Thailand fünfundzwanzig, in Indonesien zwanzig und in Kambodscha nur neun.

Ein Ergebnis der „Bildungsinflation“ ist, daß eine „moderne Schulbildung“ immer mehr zur Voraussetzung dafür wird, wenn jemand Arbeit und festen Lohn haben möchte. Das Abitur genügt nur noch selten für eine Einstellung; bei vielen Bewerbern wird ein Universitätsabschluß gefordert.

Weniger Gebildeten ist damit jede Chance genommen, eine Arbeit zu finden. Obwohl keine geeigneten Lehrer da sind, drängen also immer mehr Schüler in die höheren Schulen. Das Aufnahme- und Schlußexamen nivelliert notwendigerweise, und das Bildungsniveau sinkt immer tiefer.

Wenn wir genau hinsehen, dann stellen wir fest, daß die Absolventen meist wieder auf die Ebene zurückgeworfen werden, von der aus sie hoffnungsvoll starteten. Denn im Wettkampf um die besten Plätze entscheidet letztlich ein im Ausland erworbener akademischer Grad, weil der inländische wertlos ist. Die privaten Universitäten auf den Philippinen stehen in dem Ruf, nichts weiter als „Diplom-Automaten“ zu sein, und die japanischen nennt man „Fließband-Universitäten“.

Die Ausbildung auf handwerklichen Fachschulen ist im Hinblick auf das spätere Berufsleben nicht attraktiv und kommt außerdem zu kurz. Aber auch bei der akademischen Ausbildung wird die Praxis vernachlässigt. Dabei werden Handwerker und Ingenieure gebraucht, die praktisch arbeiten können, und keine Leute mit einem akademischen Grad, der sie zu keiner praktischen Arbeit befähigt. Viele Studenten aber erstreben nur den Titel. Als Akademiker hoffen sie darauf, sich in den großen Städten etablieren zu können und ein Leben

Im Klassenzimmer einer Moslemschule in Saiburi/Südthailand. Haben die Religionen Asiens eine Antwort?

großen Stils zu führen. Alles mit dem Erfolg, daß der Graben zwischen Stadt- und Landbevölkerung, zwischen „Bürokraten" und Bauern, zwischen arm und reich immer größer wird. Und die schöne Theorie, daß durch allgemeine Bildung diese tiefe Kluft beseitigt werden kann, erweist sich eben als Theorie. Die Reform scheitert am Wesen des Menschen selbst, der einfach nicht dazu bereit ist, für das Wohl des anderen zu arbeiten.

Der Einsatz der jeweiligen Regierung ist enorm hoch, aber der Erfolg bleibt zweifelhaft. Selbst in den entlegensten Dörfern glauben die Leute, daß eine gute Schulbildung alles bedeutet. Die meisten Abiturienten kommen vom Land. Aber sie werden unmöglich alle in den Ölraffinerien und Stahlwerken Arbeit finden oder in einem der überfüllten Regierungsämter. Das bedeutet: Den jungen Leuten werden durch das Bildungssystem Chancen vorgetäuscht, die der Staat letztlich nicht realisieren kann. Zurück bleibt eine große Zahl Unzufriedener, die irgendwo auf halbem Wege steckengeblieben sind. Und die Armen werden nicht weniger, sondern mehr.

Ein Bildungssystem aber verfehlt seinen Zweck, wenn es nur als individuelles Sprungbrett zum Geldverdienen benutzt wird und die Schwierigkeiten des jeweiligen Landes unberücksichtigt läßt. Wenn diesem Trend nicht entgegengewirkt wird, entsteht statt denkender und verantwortungsbewußter Bürger ein neues Bildungsproletariat. Die Enttäuschung und Unzufriedenheit dieser Menschen wird dann so groß werden, daß die Gefahr eines politischen Umsturzes besteht.

Die Welt – ein Dorf

Ich erinnere mich an einen Mangyanen auf den Philippinen, dem ich das Leben in den Hochhäusern Singapurs zu schildern versuchte. Er hatte selbst nur das Nötigste zum Leben, aber er bedauerte die Unglücklichen, die kein eigenes Land hatten. Daß ihn das Durchschnittseinkommen eines Chinesen traumhaft reich machen würde, ging über seinen Horizont. Solch einfachen Bauern zeigt nun aber das Fernsehen Dinge, die sie nicht haben und bisher auch nicht vermißten. Der offensichtliche Reichtum der anderen weckt in den armen Menschen Asiens jetzt Bedürfnisse, die nicht befriedigt werden können; Unzufriedenheit ist die Folge.

Marshall McLuhan teilte die Menschheitsgeschichte in drei Epochen ein. In der ersten sieht er den „Urstamm-Menschen", der weder lesen noch schreiben kann. Das „Wissen" ist Gemeingut des ganzen Dorfes und wird mündlich überliefert. Danach folgt der „Gutenberg-Mensch", der sich durch das Lesen Informationen sammelt.

Der Monotonie eines technisierten Lebens versuchen manche durch das Fernsehen, im Kino oder wie hier in Japan am Spielautomaten zu entrinnen.

Schließlich erlebt der Mensch im elektronischen Zeitalter die Welt als „globales Dorf" auf dem Bildschirm. Dieses Schema läßt sich in allen drei Phasen auf die heutige Situation in Asien übertragen. Im elektronischen Zeitalter leben dort Menschen noch auf der Urstamm-Stufe. Sie können weder lesen noch schreiben, aber die Worte und Bilder im Fernsehen verstehen sie alle. Das Fernsehen ist darum das ideale Kommunikationsmittel Asiens.

Fast erschreckend mutet uns der gewaltige Umfang der japanischen Fernsehprogramme an. Auf dem eben geschilderten Hintergrund läßt sich das aber gut verstehen. In Tokio können z. B. sechs bis sieben Programme in Farbe und andere in Schwarz-Weiß empfangen werden. Manche beginnen bereits morgens um sechs Uhr mit leichter Musik und Gymnastik. Jeder Gag einer der beliebten Quiz-Sendungen ist bereits am nächsten Tag im ganzen Land bekannt. Durch das Fernsehen ist das Land für den einzelnen überhaupt erst überschaubar geworden. Außerdem wird die Entwicklung der Landessprache und damit die Eingliederung völkischer Minderheiten erleichtert. Das Fernsehen hat das Gefühl der Japaner für Zusammengehörigkeit sehr gefördert und dazu beigetragen, daß Japan zu einem einheitlichen Staatenblock zusammengewachsen ist.

Neben dem Fernsehen spielt auch das Kino in Asien eine nicht unwesentliche Rolle. Einer der Gründe dafür mag in den sehr kleinen, meist überfüllten Wohnungen liegen. Wer gern mal „allein" sein möchte, geht einfach ins dunkle Kino. Dort werden Grusel-, Kriegs-, Cowboy- und Liebesfilme in einer phantastischen Auswahl geboten. Es geht um Unterhaltung, nicht um Kunst. Überlebensgroße Poster der Filmstars gehören in den Städten Asiens zum Straßenbild.

Sind aber die Asiaten den modernen Veränderungen in ihrer Gesellschaft gewachsen? Haben sie den Massenmedien gegenüber ausreichend Abstand? Können sie sich überhaupt noch frei entscheiden? Oder sind sie den Veränderungen ausgeliefert? Können die Religionen Asiens diese Veränderungen in die richtigen Bahnen lenken? Haben sie eine Antwort?

Kapitel 3

Auf der Suche nach Gott

Wie kaum etwas anderes haben die Religionen Asiens Tradition und Sitte dieser Länder geprägt. Ihr Einfluß ist wesentlich stärker als der des Christentums auf Europa. Bei uns hat die Säkularisierung den Einfluß der Kirchen auf ein Minimum zurückgedrängt. Aber in Asien ist die Religion aus dem realen Leben nicht wegzudenken.

In den Urstammgebieten und auf dem Lande beherrscht der Animismus, also der uralte Geisterglaube, das Denken und Handeln der Menschen. Sie fürchten die bösen Geister, die für Krankheit und Mißerfolg verantwortlich sind. Um sie günstig zu stimmen, braucht man Medizinmänner und Opferkulte. Ein solcher Geisterglaube hält die Menschen in ständiger Furcht und bringt sie oft um ihr tägliches Brot. Häufig müssen die Haustiere in Krankheits- und Notzeiten geopfert werden. Dabei läßt der Animismus keine Änderung, keine Besserung der bestehenden Verhältnisse zu. Aus diesem Grunde bleiben auch so viele gutgemeinte Hilfsprojekte erfolglos. Bevor den Leuten die Geisterfurcht nicht genommen werden kann, bleiben sie lieber bei ihren alten Methoden. Man würde z. B. die Geister beleidigen und herausfordern, wenn man das Feld mit einem Motorpflug bearbeitete.

Animistisches Gedankengut ist auch in den höher entwickelten Religionen erhalten; es hat nur eine andere Form bekommen. So sind Elemente der Geisterfurcht, der Zauberei und des Fetischismus im Buddhismus Thailands und sogar Japans, im römischen Katholizismus der Philippinen und im Protestantismus Indonesiens enthalten. Auch all die neuen Sekten haben ihre Sonderlehren aus dem großen Topf der Vergangenheit geholt. Sie sind zum größten Teil nur ein neuer Aufguß der alten animistischen Tradition.

Die Religionen sind aus dem Alltagsleben in Asien nicht wegzudenken. Mit Schnitzereien und religiösen Motiven werden die Häuser in Sulawesi/Indonesien verziert.

Die Religionen Asiens

Der *Islam* hat auf Ostasien einen gewaltigen Einfluß ausgeübt, obwohl er wie das Christentum aus dem „fernen Westen“ kam. In Kuala

Freitag für Freitag radeln die Mohammedaner in die Moschee. Bevor sie die Moschee betreten, ziehen sie ihre Schuhe aus. In Kuching/Sarawak.

Lumpur, der Hauptstadt Malaysias, kann man eine prächtige Moschee bewundern, und die Gebäude, die das Kricketfeld – ein britisches Vermächtnis aus der Kolonialzeit – umgeben, zeigen islamische Architektur. Selbst am Stil der Flughafengebäude oder in der Mode wird der islamische Einfluß erkennbar. Die islamischen Malaymädchen Singapurs und Südthailands tragen ihre langen und sittsamen Gewänder, während andersgläubige Chinesen- und Thaimädchen Miniröcke bevorzugen.

Eine lebendige Illustration für den Einfluß des Islams sind die vielen Männer, die Freitag für Freitag in die Moschee radeln, die große Bedeutung des Fastenmonats Ramadan, die auffallenden schwarzen oder weißen Kappen der Mohammedaner im Straßengewühl der indonesischen Städte und das von vielen befolgte Verbot, Alkohol zu trinken und Schweinefleisch zu essen.

Der Islam ist die Hauptreligion Malaysias und Indonesiens. Auf den Philippinen und in Thailand gibt es eine einflußreiche Minderheit, die besonders durch ihre separatistischen Bestrebungen auffiel. Auf Mindanao, einer Insel der Philippinen, hat es z. B. wiederholt Auseinandersetzungen zwischen den Moro-Moslems und der Regierung gegeben. In all diesen Ländern werden Veränderungen wesentlich durch den Islam bestimmt. Entweder bewirkt er sie maßgeblich mit oder – was häufiger ist – er verweigert sie ganz.

Die Moslems fügen sich in das unabänderliche Schicksal. Denn alles Glück oder Unglück ist Allahs Wille. Der Islam ist deshalb durchaus geneigt, die alten Feudalsysteme Asiens zu unterstützen und bestehen zu lassen. Andererseits ist er aber kein unüberwindliches Hindernis für Verbesserungen und Veränderungen, denn für den gewöhnlichen Mann ist der Anspruch des Islam zumeist erfüllt, wenn er keinen Alkohol trinkt und kein Schweinefleisch ißt.

Das Leid überwinden, indem man das Leben vernichtet? Buddhistische Mönche in Pnom Penh.

(Gegenüberliegende Seite) Brennende Räucherstäbchen sollen böse Geister fernhalten: ein chinesischer Tempel in Taiwan.

Die Prozession, um ein Haus von Dämonen zu befreien, dauert die ganze Nacht.

Buddhistische Tempel in Pnom Penh/Kambodscha und in Utai/Thailand.

Buddhistische Bettelmönche in Thailand.

Eines der vielen Geisterhäuschen in Bangkok, wo den Geistern geopfert wird.

An der Toraja-Begräbnisstätte von Rantilemo/Sulawesi werden lebensgroße Holzstatuen der Verstorbenen aufgestellt.

In einem chinesischen Tempel in Kaosiung/Taiwan (oben) werden Opfer dargebracht, nachdem bei einer Explosion in einem Haus viele Menschen umgekommen waren.
Andächtige entzünden Wachskerzen (rechts) in einem chinesischen Tempel in Taipei/Taiwan.
Inmitten einer modernen Umgebung suchen sich Menschen in althergebrachter Weise vor den bösen Geistern zu schützen. Es gibt „Dämonenläden", und in jedem Treppenhaus dieser modernen Wohnblocks in Singapur sind solche Geisterhäuschen.

Buddhatempel in Thailand. Viele Elemente des alten Geisterglaubens wurden auch von „höherstehenden“ Religionen übernommen.

Hindutempel in Kuala Lumpur/ Malaysia.

Mohammedanische Moschee in Kuching, Sarawak/Ostmalaysia.

Die Ehefrauen mohammedanischer Würdenträger erscheinen zu einem besonderen Anlaß.

Eine neue Moschee in Kuala Lumpur/Malaysia.

Im Gegensatz zum Christentum kennt der Islam keine persönliche Beziehung zu einem persönlichen Gott. Der Blick des Moslems geht eigentlich nie über sich selbst hinaus. Wegen dieser sehr individualistischen Konzeption ist vom Islam keine positive Veränderung für die Völker Asiens zu erwarten.

Auch im *Buddhismus* hat sich der animistische Glaube gut erhalten. Die Furcht vor Geistern und den Seelen der Verstorbenen spielt eine wesentliche Rolle, obwohl der Buddhismus ursprünglich weder an Gott noch an Göttern interessiert war. Die Gedanken des einzelnen und seine religiöse Erfahrung waren die einzige Wirklichkeit. Was sonst geschieht, ist nur ein unwirkliches, von den menschlichen Sinnen vorgegaukeltes Bild. Das ist die Erklärung für die passive „Das-geht-mich-nichts-an-Haltung“ der Thais und anderer asiatischer Bevölkerungsgruppen, die über Jahrhunderte einem starken buddhistischen Einfluß ausgesetzt waren.

Der buddhistische Priester in Japan sucht nach Erleuchtung. Dabei sollen ihm die Sutren, spezielle buddhistische Schriften, helfen. Sie sind aber in einer Sprache verfaßt, die der moderne Japaner nicht mehr versteht. Trotzdem werden die Sutren zu Beerdigungen und auch sonst zum Wohl der Seele des Verstorbenen aufgesagt. Damit verdienen die Priester ihren Lebensunterhalt.

Natürlich hat das mit Buddhismus im eigentlichen Sinn nichts mehr zu tun. Die Sutren in der Form, wie sie gebraucht werden, sind nichts anderes als Zaubermittel, durch die den Toten Ruhe verschafft wer-

Ein Schintoschrein in Sapporo/Japan.

Andächtige beten und verbrennen Weihrauch in einem Tempel in Kuching/Sarawak.

den soll. Gautama Buddha hat das Problem von Krankheit und Tod auf rein philosophischer Ebene zu lösen versucht, indem er sagte: „Diese Welt ist eine Welt aus Tau." Mit anderen Worten: Diese Welt und dieses Leben ist eine Illusion, die nicht ernst zu nehmen ist.

Eine solche „Lösung" kann letztlich wohl nur Stoiker befriedigen, Menschen, denen ohnehin alles egal ist.

Als das letzte Kind eines japanischen Herrschers starb, versammelten sich seine buddhistischen Freunde und versuchten, ihn zu trösten: „Diese Welt ist eine Welt aus Tau. Dein Kind hat ja eigentlich nicht wirklich gelebt – wie es auch dich in Wirklichkeit nicht gibt. Deshalb hat es auch keinen Sinn, einer vergangenen Illusion nachzutrauern." Daraufhin schrieb der Herrscher die vielsagenden Worte nieder: „Die Welt des Taus ist eine Welt des Taus – und doch, und doch..."

Der Schmerz über den Tod des geliebten Kindes hatte für ihn eine Tür zur Wirklichkeit geöffnet. „...und doch, und doch...!" Es muß eine Wirklichkeit geben, denn die Liebe vergeht nicht wie Tau in der Sonne! Also können auch die Menschen, die wir innig lieben, keine Illusion sein.

Für Menschen, die im Leben stehen müssen, ist der Buddhismus gar nicht nachvollziehbar. Deshalb sind während der Kriegswirren in Indochina viele buddhistische Einwohner Pnom Penhs zum Christentum übergetreten. Die buddhistische Lösung der Lebensprobleme versagt, wo sie sich eigentlich bewähren sollte: in Krisenzeiten, wenn Hab und Gut, Leib und Leben bedroht werden.

Nicht nur der Islam, auch der Buddhismus ist durch seinen Fatalismus gekennzeichnet: Ich bin für das, was geschieht, nicht verantwortlich. Weil dem Menschen letztlich alles „widerfährt", verschwimmt Gut und Böse im Schicksal. Resignation wird zum Ausgangspunkt des Lebens.

Die dritte wichtige in Asien vertretene Religion ist der *Konfuzianismus.* Im Unterschied zu den beiden genannten pessimistischen Religionen hat er einen lebensbejahenden, optimistischen Charakter. Seine Lehre besteht hauptsächlich aus einer Sozialethik, die für Chinesen, Koreaner und Japaner im wesentlichen bedeutete, die Vorfahren in Ehren zu halten, für die Eltern zu sorgen und fleißig zu arbeiten.

Wo Buddhismus und Konfuzianismus zusammentreffen, z. B. in China und Japan, ist bei den Menschen ein seltsamer Widerspruch festzustellen. Auf der einen Seite sind sie sehr fleißig und praktisch, finden sich auch mit dem Unglück nicht vorschnell ab; auf der anderen Seite aber sind sie ganz dem Schicksal ergebene, tiefgründige Denker.

Die Lehren des Konfuzius haben ein tiefes Verantwortungsbewußtsein für die Angehörigen, für das Volk, für die Vorgesetzten und vor allem für den Kaiser entstehen lassen. Leider hat der europäische Lebensstil hier vieles wieder zerstört.

Urstammleute wie diese vom Stamm der Orang Asli im Cameron-Hochland/Westmalaysia leben in ständiger Furcht vor bösen Geistern. Althergebrachte Riten sollen sie abwehren.

In einem chinesischen Tempel in Kaosiung/Taiwan. Wenn wir einen einfachen asiatischen Menschen nach grundlegenden Glaubenswahrheiten fragen, die seinem Leben ein Ziel geben, so wird er nichts Genaues sagen können.

Wir sehen also, daß die Religionen Asiens einen bedeutenden Einfluß auf die Entwicklung dieser Länder gehabt haben, daß sie ihr Denken und Handeln wesentlich beeinflußten. Allerdings ist diese ganze Entwicklung vor allem zufallsbestimmt. Wenn wir einen einfachen asiatischen Menschen nach grundlegenden Glaubenswahrheiten fragen, die sein Leben ausrichten und zu einem bestimmten Ziel führen sollen, so kann er uns nichts Genaues sagen. Die Menschen haben keinen positiven Ansatz erhalten, um nachhaltig die Welt zu verändern. Sie entscheiden für den Augenblick. Im Grunde wollen sie die Mißstände ja auch gar nicht verändern, sondern nur auf philosophischem Wege annehmbar machen. Eine lebendige Kraft, die den Menschen verändern könnte, vermitteln diese Religionen jedenfalls nicht.

Manche asiatischen Religionen scheinen dadurch Einfluß gewonnen zu haben, daß sie vorgefundenes religiöses Gedankengut in sich aufnahmen. Leider hat auch das Christentum dieser Versuchung nicht widerstehen können.

Von allen Religionen ist der Kommunismus – den man von seiner Anlage her wohl auch als Religion bezeichnen muß – am konsequentesten verfahren. Er hat andere Weltanschauungen entschieden von sich gewiesen, sie bekämpft und ausgerottet, um die eigene Lehre unverändert zu erhalten. Kann aber ein Glaube mit Gewalt indoktriniert und verbreitet werden? Muß er nicht allein durch die Aufrichtigkeit seiner Anhänger überzeugen? Müßte er sich seinen Weg nicht selbst bahnen?

Dem Christentum wird oft vorgeworfen, daß es in unverantwortlicher Weise alte Kulturen verändert hat, daß seine Missionare in ihrem Bekehrungseifer rücksichtslos mit alten Traditionen umgegangen sind. Aber wir haben versucht zu zeigen, daß die asiatische Kultur so oder so starken Wandlungsprozessen unterworfen ist; Wandlungsprozessen, die auch die Religionen einschließen. Das Christentum hat aufs Ganze gesehen wenig Anteil daran. Starke Entwicklungen sind nicht aufzuhalten. Die entscheidende Frage ist nur: Mit welchen Mitteln werden sie vorangetrieben und wohin führen sie letztlich?

Die bedrückende Geschichte der Revolution in diesem Jahrhundert hat uns zumindest dies gelehrt: Die Sinnlosigkeit eines Klassenkampfes, der sich darin erschöpft, die jeweils herrschende Klasse und ihr Wirtschaftssystem zu stürzen, denn letztlich wird dann immer wieder nur eine neue herrschende Klasse etabliert.

Viele fürchten, daß die gewaltigen Wandlungsprozesse in Asien bereits jeder Eingriffsmöglichkeit entglitten sind. Sollte auch uns nicht die Besorgnis des japanischen Pendlers packen, der schließlich keinen anderen Ausweg sah, als eine Stange Dynamit bei sich zu tragen...?

An dieser Stelle wird die Frage nach der Rolle des Christentums in Asien akut. Gehört auch das Christentum zu den Religionen in Asien, die keine „lebendige Kraft" haben und darum für diese Länder untauglich sind? Oder ist es doch in der Lage, die Gesellschaft und den Menschen in ihr positiv zu verändern?

Kapitel 4

Missionare einst und jetzt

Schon seit zweitausend Jahren gibt es in Asien Christen. Anfangs nur in Palästina, dann aber auch in Syrien und später in Äthiopien und Nordafrika. Durch die Nestorianer* gelangte das Christentum sogar

* Die Nestorianer waren Anhänger von Nestorius, einem Kirchenlehrer des 5. Jahrhunderts n. Chr. Er bekämpfte die Zweinaturenlehre in der römischen Kirche, nach der die Gottheit Jesu den Vorrang vor seiner menschlichen Natur hat.

Viele der ersten europäischen Siedler und Missionare starben kurz nach ihrer Ankunft an Tropenkrankheiten, oder sie wurden umgebracht. Gräber an einer alten Kirche in Malakka aus dem 17. Jahrhundert.

bis nach Südindien und China. Die Missionsgeschichte der koreanischen Kirche ist fast so alt wie unsere eigene Kirchengeschichte.

Heute kommen die Missionare in Asien nicht mehr nur aus Europa und Amerika. Die Missionsarbeit ist von daher um einiges leichter geworden, weil das Christentum nicht mehr als die „Religion der Weißen" gilt. Die Überseeische Missionsgemeinschaft z. B. beschäftigt Missionare, die aus Japan, Korea, von den Philippinen, aus Hongkong, Singapur, Malaysia, Indien, von den Fidschi-Inseln und Neuseeland stammen.

Indonesische Teams haben weite Missionsreisen unternommen; nicht nur in ihrem ausgedehnten Inselstaat, sondern bis nach Südthailand. Die asiatischen Kirchen senden immer häufiger eigene Missionare aus. Vielleicht wird es eines Tages möglich – und nötig! –, daß asiatische Missionare in Europa und Amerika arbeiten. Wäre nicht heute schon eine Gruppe fröhlich musizierender Filipinos in den Stadtzentren von Liverpool, Amsterdam oder Frankfurt in missionarischer Hinsicht weitaus wirkungsvoller als ein Dutzend Kirchen mit beamteten Pastoren in jedem Stadtteil? Sicher brächten uns die Filipinos ein Christentum, das aus dem Leben kommt und für das Leben taugt. Ihre Eigenarten ließen uns vielleicht erkennen, daß unsere kul-

Eine Missions-Lepraklinik in Zentralthailand.

turellen Güter, auf die wir oft so stolz sind, mit dem Christentum selbst nichts zu tun haben. Das Evangelium ist nun einmal nicht auf eine bestimmte Kultur, auf bestimmte Menschen festgelegt. Es ist von seiner Anlage her universal.

Missionare gestern und heute

Missionare finden wir heute sogar dort, wo wir sie eigentlich kaum erwarten. Einige unterrichten an asiatischen Universitäten Agrarwissenschaft, Meeresbiologie, Chirurgie, Vererbungslehre und Physik, andere experimentieren zusammen mit einheimischen Mitarbeitern, um mit einfachen Empfängern Signale von Satelliten zu empfangen. Sie lehren, arbeiten – und bekennen gleichzeitig ihren christlichen Glauben. Auf diese Weise leisten sie einen wichtigen Beitrag zum Aufbau der asiatischen Gesellschaft.

Mit dem Begriff „Missionar" verbinden auch heute noch viele die Vorstellung von dem unerschrockenen Eroberer mit Tropenhelm; einem Mann wie Livingstone, der sich seinen Weg durch undurchdringlichen Dschungel bahnt. Der Missionar unserer Tage trägt eher einen Sturzhelm, denn mit dem Motorrad kann er die abgelegenen Dörfer einigermaßen gut erreichen. Wir treffen ihn als Arzt im Krankenhaus oder auch bei Abschlußfeiern mit seinen Universitätsabsolventen.

Daß die Missionsarbeit in der heutigen Art und Weise überhaupt möglich geworden ist, haben wir zweifellos dem Einsatz der Pioniermissionare des 19. Jahrhunderts zu verdanken. Sie sind wahre Helden gewesen. Die Reise dieser ersten protestantischen Missionare mit dem Segelschiff dauerte oft ein Jahr. Die Leute waren nicht geimpft, sie hatten weder Medizin gegen Malaria, noch irgendwelche antiseptischen Mittel oder Antibiotika. Deshalb war die Lebenserwartung dieser Missionare sehr gering. Ihre Frauen starben häufig im Wochenbett und die Kinder wurden durch Seuchen weggerafft. Von den ersten Missionaren, die nach Siam (Thailand) ausreisten, starben innerhalb weniger Jahre über sechzig an Malaria, Cholera, Typhus oder unbekannten Fieberkrankheiten. Kein Wunder, daß die Missionsarbeit nur langsam voranging! Erst nach neunzehn Jahren harter Arbeit bekehrte sich der erste Einheimische, ein Chinese.

Viele Missionare starben schon, bevor sie das Evangelium in der einheimischen Sprache verkündigen konnten. Aber erstaunlicherweise nahmen immer wieder andere ihre Platze ein. In tropischer Hitze arbeiteten sie bis zur Erschöpfung. Sie hatten nur das eine Ziel, Menschen für Christus zu retten und christliche Gemeinden zu gründen.

Oft wird behauptet, daß die Missionsarbeit nur deshalb voranging, weil sie die Unterstützung der Kolonialregierungen gehabt hätte. Man sagt, daß diese zugleich mit ihrer Herrschaft auch ihre Religion durchsetzten, um die Kolonien noch fester an sich zu binden. Nun hatten

Ein altes Kirchengebäude aus den Tagen des portugiesischen Katholizismus und des holländischen Protestantismus in Djakarta und „moderne" Kirchen in einer ländlichen Gegend Ostmalaysias.
Mahnmale, die an vergangene Zeiten erinnern, in der Taroko-Schlucht/Taiwan: Die Gedächtniskirche für eine Tatal-Evangelistin und eine Höhle, in der sich die Christen aus Furcht vor den japanischen Kolonialherren heimlich versammelten.

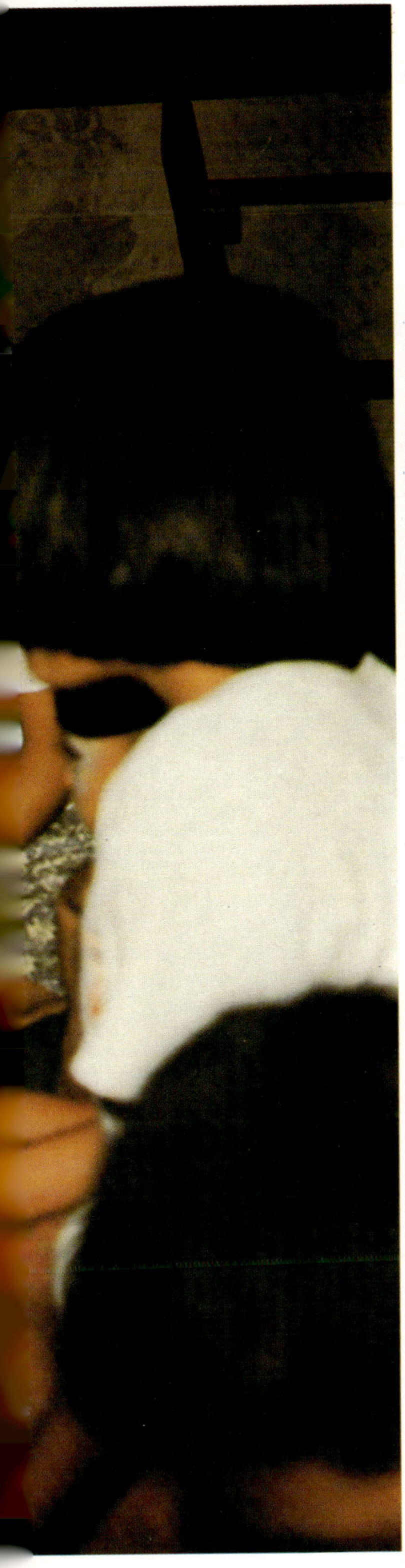

Links eine Gruppe beim Bibelstudium in Südthailand. Die Bilder unten zeigen (links) eine Hauskirche im gleichen Gebiet und (rechts) einen Missionar beim Besuchen früherer Leprapatienten des Hospitals von Manorom weiter nördlich in Zentralthailand.
Mitte, linkes Bild: Deutsche Missionare kümmern sich um die Fabrikarbeiterinnen in ihren Wohnheimen in Kaosiung/Taiwan.
Rechts eine Kirche der Malaien in Südthailand.
Unten: Auf den Philippinen findet die Schule für den Alangan-Stamm/Mindoro im Haus der Missionarin statt (linkes Bild).
Schulung für Gemeindeleiter aus dem Hanunoo-Stamm (rechts).

Eifriges Sprachstudium in Sapporo/Japan (oben).

Erste Versuche, „auf Japanisch“ zu essen (rechts).

Auf den Philippinen gleicht eine Autofahrt auf den oft überfluteten Straßen manchmal einer Schiffsreise. – Ein weiter Weg bis zum Ziel: Vom Düsen-Jet bis zum Fußmarsch – mit allem, was dazwischenliegt.

Der Missionar von heute: Das Kind einer Missionarsfamilie schaut aus dem Fenster der Mietwohnung auf die Hochhäuser Hongkongs.

Ein Schwerpunkt missionarischer Arbeit ist nach wie vor die medizinische Betreuung. In abgelegenen Gegenden überläßt man sie immer noch gern den Missionaren. Die Verdienstmöglichkeiten für einheimische Ärzte sind in der Stadt besser, und das Leben ist dort angenehmer.

Linkes Bild: Zwei christliche Ärzte in Masan/Korea bereiten sich im Gebet auf die Arbeit des Tages vor.

Jugendliche, die an Hüft- und Rückgrattuberkulose leiden, finden Hilfe in der Klinik von Masan.

Eine ehemalige Leprakranke kann wieder arbeiten (ganz unten). In Utai/Thailand.

Krankenschwestern im christlichen Hospital von Saiburi/Thailand behandeln ein krankes Kind.

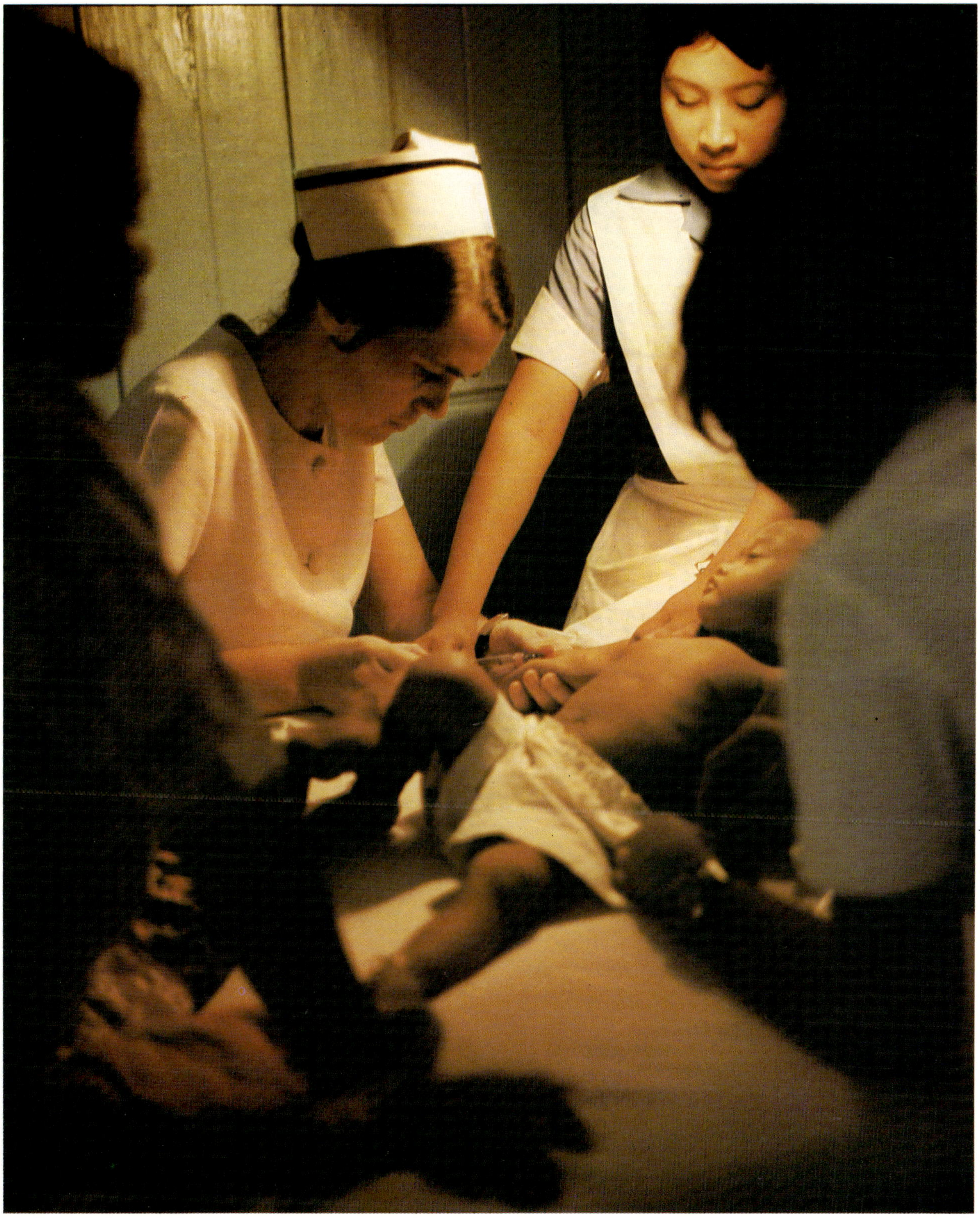

Zahnbehandlung bei den Weißen Meo in Thailand.

z. B. Thailand und Japan nie Kolonialregierungen, aber auch hier gibt es christliche Gemeinden. Doch selbst da, wo Kolonialregierungen existierten, haben sie die Missionsarbeit nie besonders unterstützt. „Religiöse Unruhe" war dem Handel nicht zuträglich. So wurde es William Carey ausdrücklich verboten, in Britisch-Indien zu arbeiten. Die „Holländische Ostasiengesellschaft" duldete viele Jahre auf Java keine Missionsarbeit mit der Begründung: „Es könnte Schwierigkeiten geben." Später hob sie dieses Verbot zwar wieder auf, aber zu diesem Zeitpunkt war Java ohnehin dabei, seine Unabhängigkeit zu erlangen.

Wo das Christentum „westliche Herrschaft" bedeutete, ist ihm das selten gut bekommen. Nach Japan z. B. kam das Evangelium immer im Gleichschritt mit den Aggressionen fremder Mächte. Die römisch-katholischen Missionare wurden verfolgt, weil sie zusammen mit spanischen und portugiesischen Kaufleuten ins Land kamen; die ersten Protestanten, weil zu ihrer Zeit Kapitän Parry die Japaner mit seiner Kanonenboot-Diplomatie aufforderte, ihre Häfen für den Westen zu öffnen. Als die Missionsarbeit schließlich dennoch erste Erfolge hatte, wurde sie durch Militarismus und den immer stärker aufkommenden Kaiserkult erschwert, bis die christlichen Gemeinden während des Zweiten Weltkrieges sogar unterdrückt und verfolgt wurden.

Aber sofort nach dem Kriege begann die Missionsarbeit von neuem; unterstützt von dem Kommandeur der Besatzungsmächte, McArthur. Diese Begünstigung hat sich wieder als nachteilig erwiesen, denn die Japaner identifizierten erneut das Christentum mit den Europäern und Amerikanern.

Der Missionar bei der Arbeit

Wie steht es heute um die Missionare? Was ist das Ziel ihrer Arbeit? Es wird ihnen oft vorgeworfen, sie wollten nur alte Kulturen verändern und zerstören. Wie gesagt, hat aber das Christentum nur einen geringen Anteil an den gewaltigen kulturellen Umwälzungen in Asien. Andere Religionen und Ideologien haben wesentlich mehr Unruhe nach Asien gebracht, z. B. der Hinduismus, der Buddhismus und der Islam. Sie kamen – wie das Christentum – aus dem Westen. Aber niemals kann das Christentum wie diese seinen Glauben mit Gewalt verbreiten. Denn sein Wesen erlaubt es ihm nur anzubieten, zu schenken.

Der moderne Missionar versucht vielmehr, sich der Kultur und den Menschen des jeweiligen Landes anzupassen. Er bewohnt die gleichen Häuser wie die Einheimischen, er ißt dieselben Speisen und spricht natürlich die Landessprache. Denn nur so kann er den Menschen dort von Christus erzählen und ihnen seine Lösung anbieten.

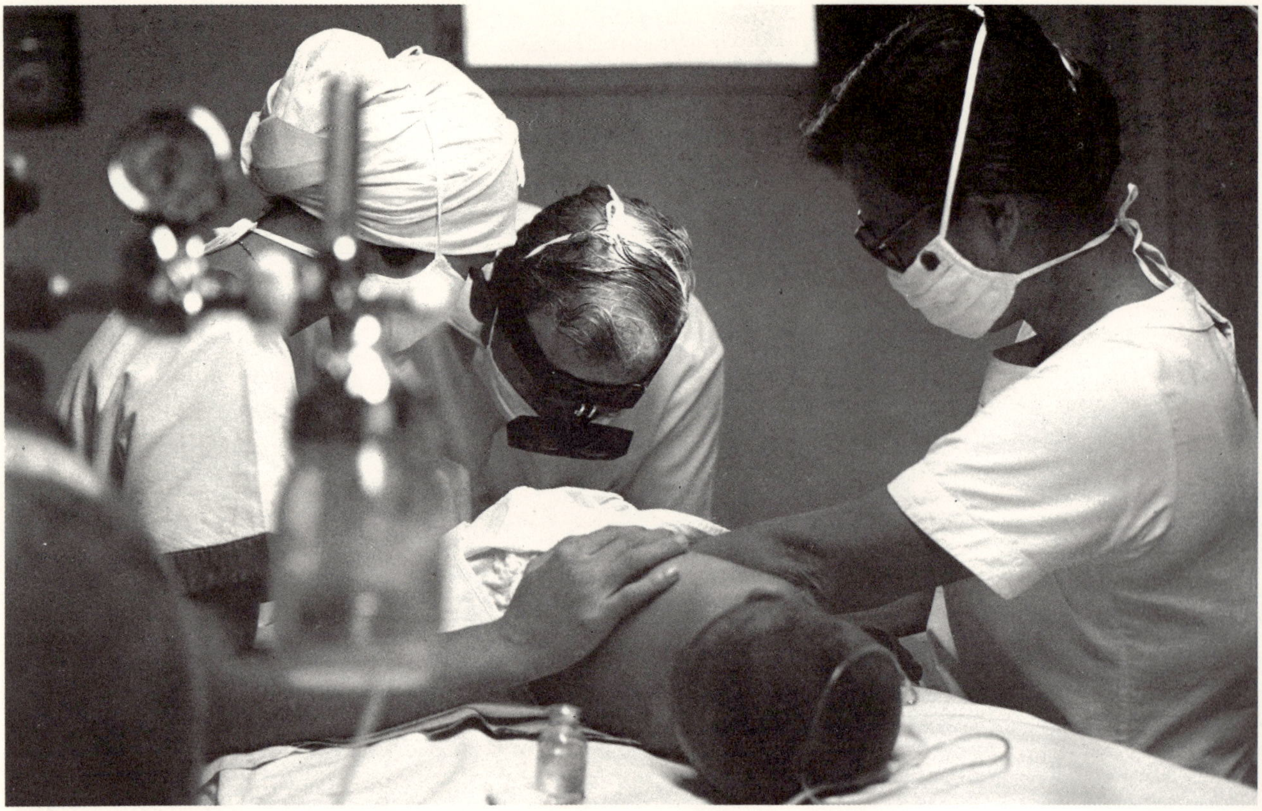

Während einer Operation im Hospital von Saiburi/Südthailand.

Der Missionar sollte sich so mit der Bevölkerung identifizieren, daß er an ihrem Schicksal teilnimmt; daß er also Überschwemmungen, Taifune, Erdbeben, Seuchen und Kriege zu seiner eigenen Not und zu seinem eigenen Elend macht.

Einige sehen im christlichen Missionar einen Moralisten und Weltverbesserer. Seine Aufgabe wird in den Bereich des „Wohltäters" und „Menschenfreunds" gerückt.

Wie sieht das Ziel missionarischer Arbeit nun wirklich aus? Es kann grob so dargestellt werden: christliche Gemeinden gründen und dafür sorgen, daß sie selbständig wachsen und neue Gemeinden gründen.

Die Missionare sollen und wollen nicht nur einfach „Gutes tun", obwohl sie natürlich an der Not der Menschen nicht vorbeigehen. Der christliche Glaube darf aber auch nicht nur durch Traktate angeboten und propagiert werden. Ziel sind nicht einmal einzelne Bekehrungen. Der Missionar muß so lehren und predigen, daß einzelne zu einem lebendigen Glauben an Christus geführt werden und dann lebendige *Gemeinden* entstehen. Inmitten korrupter Gesellschaften sind die einzelnen aufgerufen, „neue Gesellschaften", christliche Gemeinden zu bilden.

Das Ziel der asiatischen Gemeinden kann nicht sein, die westlichen Kirchen zu kopieren, deren Christentum sich oftmals nur im wöchentlichen Kirchgang erschöpft. Zum passiven Zuhören ist die Zeit einfach zu knapp. Wenn die asiatischen Gemeinden nicht lebendig sind und bleiben, werden sie von der Zeit mit ihren gewaltigen Veränderungen geschluckt. Von ihrem Leben hängt auch ihr Überleben ab.

Deshalb haben die christlichen Missionare bei den Veränderungen in Asien mehr eine indirekte Rolle gespielt; wenngleich man nicht übersehen darf, daß mit der geänderten religiösen Überzeugung auch eine Änderung der Lebensgewohnheiten und der jeweiligen sozialen Struktur verbunden ist. Allerdings sahen sich viele Missionare immer wieder gezwungen, direkt etwas für die soziale Lage der Menschen zu tun. So ist gerade die medizinische Arbeit in Asien vorwiegend von Christen organisiert und geleistet worden. Andere Religionen haben sich gar nicht darum gekümmert. Krankenhäuser und Lepraheilstätten wurden von Christen gebaut, lange bevor die asiatischen Regierungen dies überhaupt als notwendig erkannten oder gar die Verantwortung dafür übernahmen. Der Missionar Dr. Samuel House führte als erster in Thailand Pockenschutzimpfungen durch, und er war wohl auch in ganz Fernost der erste, der seine Patienten unter Narkose operierte.

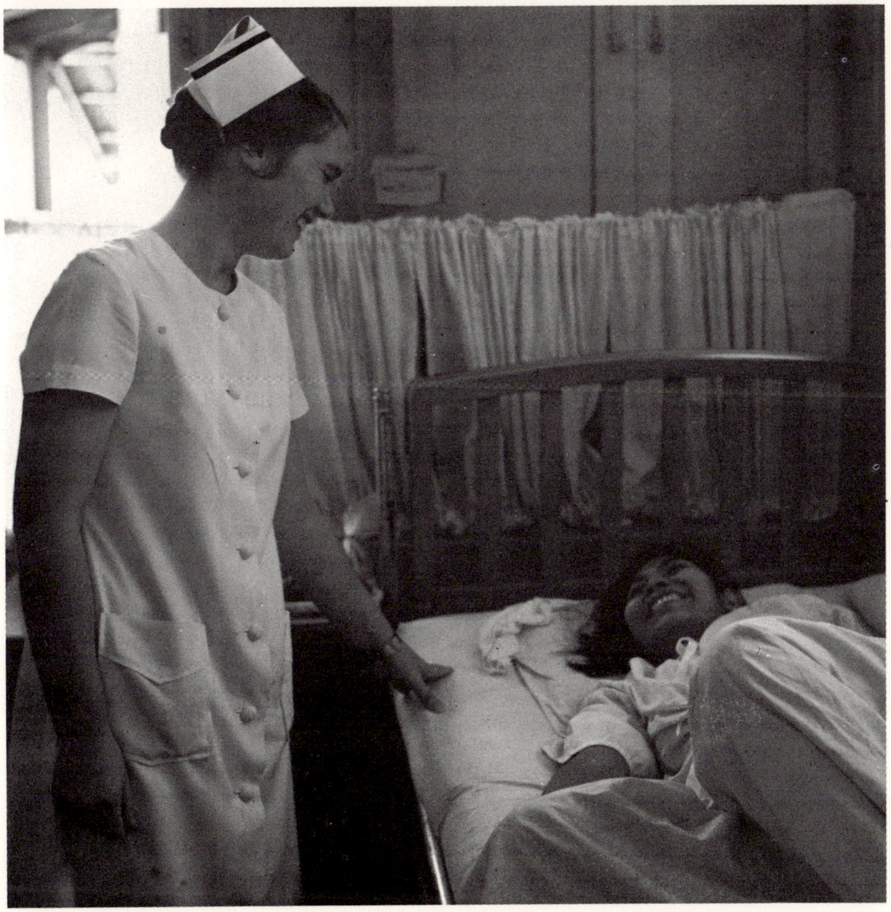

Noch immer würde den Ärmsten Asiens nicht geholfen, wenn die Missionare nicht da wären. Im Masan-Hospital/Korea.

1974 wurden hier in Südthailand zwei Krankenschwestern der Überseeischen Missionsgemeinschaft entführt. Man forderte Lösegeld und brachte sie schließlich um.

Bis heute wird die medizinische Arbeit auf dem Land den christlichen Missionaren überlassen. Einheimische Ärzte und Apotheker praktizieren lieber in den Städten. Dort gibt es sowohl bessere Verdienstmöglichkeiten als auch angenehmere Arbeitsbedingungen. Von daher leisten die christlichen Missionare auch heute noch einen wesentlichen Dienst in Asien. Wenn es dort aber eines Tages möglich sein wird, die medizinische Arbeit auch auf dem Lande den Einheimischen zu übertragen, werden sich die Missionare bereitwillig zurückziehen.

Zur Zeit braucht man die Missionare jedenfalls noch dringend. Nur sie behandeln Leprakranke und unterhalten Rehabilitationszentren, in denen die verkrüppelten Hände und Füße der Aussätzigen behandelt werden. Nur sie leiten die Geheilten zu handwerklichen Arbeiten an, damit sie ihr Selbstvertrauen wiederfinden. Und nur dort erfahren mutlose Menschen von Gott. Nur das Evangelium vermittelt die Hoffnung auf eine neue Schöpfung mit einem neuen, heilen Leib.

1974 wurden zwei Krankenschwestern ermordet, die sich um Aussätzige im Süden Thailands gekümmert hatten.* Wer außer den Christen geht ein solches Risiko ein? Ein Missionar der Überseeischen Missionsgemeinschaft behandelt in einem Krankenhaus in Korea kostenlos Kinder, die an Hüft- und Rückgrattuberkulose leiden. Im ganzen Land geschieht das nur in diesem einen Krankenhaus. Wenn die christlichen Missionare nicht da wären, wer würde den Ärmsten Asiens helfen?

* Vgl. Phyllis Thompson, Überallhin für Gott – Minka und Margaret (Brunnen Verlag, Gießen 1977).

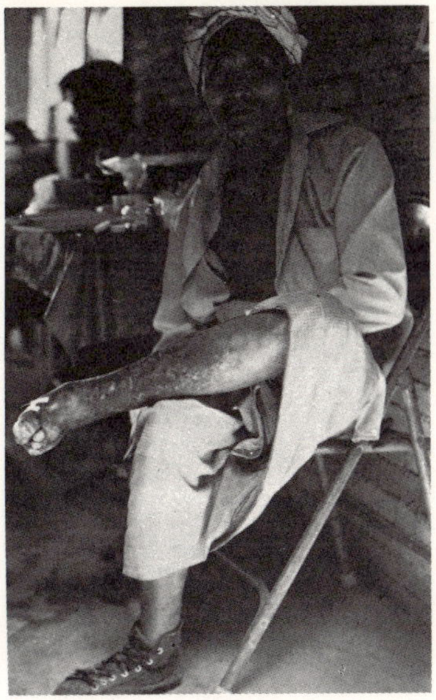

Leprapatient in Korea.

Traktoren statt Traktate?

Andere Missionare arbeiten auch bei landwirtschaftlichen Entwicklungsprojekten mit. Die Gefahr dabei ist nur, daß sich Einheimische aus falschen Motiven „bekehren". Im letzten Jahrhundert sind die sogenannten „Reis-Christen" in China nur deshalb Christen geworden, damit sie bei Hungersnöten unterstützt würden.

Die Kirchenzugehörigkeit war demnach nichts weiter als eine Versicherung; denn als „Mitchristen" waren sie beim Verteilen der Nahrungsmittel auf jeden Fall dabei. Aus diesem Grund konnte der chinesische Vizekönig Li Hung-Chang auch sagen: „Würde den chinesischen Christen die materielle Unterstützung entzogen, gäbe es in China bald keine Christen mehr..."

Diese Gefahr besteht auch heute! Materielle Unterstützung innerhalb der Gemeinde läßt die Gemeinde zwar häufig wachsen, aber manches dieser neuen Gemeindemitglieder wurde lediglich zum westlichen Wohlstand bekehrt und nicht zu Christus.

Materielle Güter sind sicher nötig, das will niemand bestreiten! Aber der materielle Segen ist im Grunde nicht der Segen des Evangeliums. Wenn er über das Notwendige hinausgeht und zur Besitzgier wird, ist er sogar ein Hindernis für den Glauben.

Die eigentliche Aufgabe muß deshalb nach wie vor die Wortverkündigung bleiben. Das soziale Engagement darf nicht zur Hauptsa-

Traktoren statt Traktate? Feldarbeit auf Mindoro/Philippinen.

che werden. Sinnvoll wird wohl dort gearbeitet, wo Missionare neben ihrer Wortverkündigung auch praktisch helfen.

Soziale Gerechtigkeit ist nicht überall gefragt. Von daher ist die soziale Tätigkeit überhaupt sehr schwer. Die Länder Asiens sind geprägt von sozialer Ungerechtigkeit. Meist haben sich die Menschen Asiens den korrupten Systemen angepaßt. Es bleibt ihnen nichts anderes übrig. Ihr Alltag ist die Ungerechtigkeit, mit der sie leben müssen. Die Regierungen können kaum dagegen vorgehen, und wenn sie es dennoch tun, dann erwischt man meist nur die „kleinen Fische"; die großen können sich den Weg in die Freiheit in der Regel freikaufen.

Proteste über soziale Mißstände sind im Land selbst meist wirkungslos. Die Missionare richteten sie deshalb oft an die Regierungen ihrer Heimatländer. – Aber auch das ist heute nahezu unmöglich geworden. Bei ihrer Einreise bekommen die Missionare nämlich nur ein Visum, das sie als Gäste der jeweiligen Regierung ausweist. Fallen die Missionare dieser Regierung als irgendwie unangenehm auf, können sie ohne weiteres wieder ausgeladen werden. Der heutige Missionar muß also praktisch im Hintergrund bleiben, wenn es um soziale Probleme geht. Er selbst darf nicht zum Sprecher der Einheimischen werden. Der Protest in den Ländern Asiens muß deshalb von einheimischen Christen vorgebracht werden; und das geschieht auch.

Den Mangyanen, einem Urstamm in den Bergen Mindoros, einer Insel der Philippinen, sollte z. B. auf betrügerische Weise ihr Land weggenommen werden. Sie hatten dieses Land dem Dschungel abgetrotzt und bebaut. Landhungrige Bewohner der Küstengebiete meinten, leichtes Spiel mit ihnen zu haben. Allein wäre es den Mangyanen wohl auch kaum gelungen, ihr Recht zu verteidigen. Sie wären den raffinierten Flachländern hilflos ausgeliefert gewesen. Auch von staatlicher Seite hätte kaum jemand eingegriffen, weil sich genug Beamte an derartigen Aktionen bereichern. Einheimische Christen gründeten deshalb die „Vereinigung Christlicher Philippinischer Juristen".

Daß sich die Christen so einsetzen, ist nichts Neues. Als erster hat der schottische Missionar David Livingstone die christliche Öffentlichkeit auf die Scheußlichkeit des Sklavenhandels aufmerksam gemacht und ihr ins Gewissen geredet. Er verschwieg weder die Schuld der Europäer an der Westküste Afrikas noch die der Araber an der Ostküste.

Weniger bekannt ist, daß Christen nachdrücklich gegen den Opiumhandel protestiert haben. So hieß es z. B. in einer Resolution, die Lord Shaftesbury im Jahre 1843 im britischen Unterhaus einbrachte: „Nach der Meinung dieses Hauses ist die Weiterführung des Opiumhandels für die Beziehungen Großbritanniens zu China schädlich. Der Opiumanbau in den britischen Besitzungen Indiens muß daher unterbunden werden. Er beeinträchtigt die übrigen ehrenhaften Handelsbeziehungen zu China. Außerdem steht er in völligem Widerspruch

Ein christlicher Anwalt auf den Philippinen (rechts stehend) bei einer Gerichtsverhandlung. Die Mitglieder des Vereins Christlicher Philippinischer Anwälte treten für die Rechte der armen Bewohner des Berglandes ein.

zu den eigentlichen Pflichten eines christlichen Königreichs. Deshalb müssen Schritte unternommen werden, diese Mißstände zu beseitigen."

Auch die „Medical Missionary Society" – eine Missionsgesellschaft, die sich besonders um die medizinische Arbeit kümmerte – kämpfte in dieser Richtung. In ihrem Jahresbericht von 1856 stellt sie fest, daß jährlich für ca. sieben Millionen Pfund Sterling Opium von Indien nach China transportiert wurde, obwohl diese Einfuhren gesetzlich verboten waren. Genau heißt es in diesem Bericht: „Durch diese Ware werden die freundschaftlichen Beziehungen zu China schwer geschädigt. Weil sie außerdem durch Christen gehandelt wird, gerät die christliche Botschaft in Verruf. Sie wird dadurch an ihrer Verbreitung gehindert."

Schon in ihren Anfängen hat sich die China-Inland-Mission energisch bemüht, die Öffentlichkeit für die Abschaffung des Opiumhandels zu gewinnen. Ihr Gründer, Hudson Taylor, bemerkte 1878 in der Zeitschrift „Chinas Millionen": „Für den christlichen Missionar in China gibt es kein größeres Hindernis als den Opiumhandel, der mit

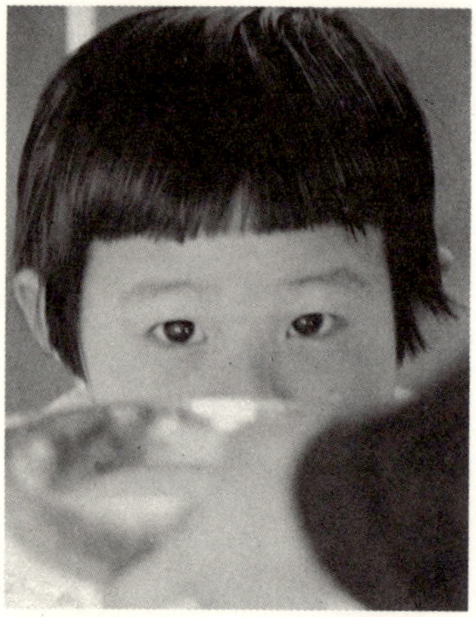

Fragend – oder schon anklagend?

Hilfe unseres Landes betrieben wird. Die Voreingenommenheit der Chinesen ist von daher kaum zu überwinden. Der unsinnige Handel hindert den sinnvollen Dienst."

Im Stichwortverzeichnis des Jahrgangs dieser Zeitschrift finden sich nicht weniger als zehn Hinweise auf verschiedene Abhandlungen zum Thema Opium; darunter sind acht Briefe mit Federzeichnungen, auf denen die verheerenden Folgen des Opiumrauchens dargestellt sind. Ein Artikel stammt vom damaligen Ministerpräsidenten Chinas und ein anderer vom chinesischen Botschafter in London.

Dieser Zeitschriftenjahrgang enthält außerdem fünfundzwanzig Berichte über eine Hungersnot in China. Auch sie sind mit Federzeichnungen illustriert: Fälle von Kannibalismus, Selbstmorde und verhungerte Menschen. Die China-Inland-Mission scheute sich nicht, darauf hinzuweisen, daß die von Europa und Amerika aufgebrachten Spenden zur Bekämpfung der Hungersnot nur etwa der Summe entsprachen, die Großbritannien in zwei Tagen am Opiumhandel verdiente: 40000 Pfund Sterling.

Benjamin Broomhall, ehemaliger Direktor der China-Inland-Mission, gründete noch im Ruhestand die Zeitschrift „Nationale Gerechtigkeit". Er versuchte auf diesem Wege, gegen den Opiumhandel mit China und den Alkoholhandel mit Afrika vorzugehen. Alle Mitglieder des britischen Parlaments standen auf der Adressenliste. Außerdem versuchte Broomhall, die Abgeordneten durch besondere Versammlungen gegen diese Verbrechen zu mobilisieren.

Die „glücklichen Wilden"

Der Philosoph Jean-Jacques Rousseau charakterisierte den Eingeborenen als „noblen Wilden". Seiner Meinung nach lebt dieser Naturmensch in einer von der Zivilisation noch nicht verdorbenen Umwelt im Zustand vollkommener Glückseligkeit. Die Realität sieht aber ganz anders aus! Die Geschichte vieler Urstämme in Asien widerlegt Rousseaus Meinung völlig; denn ihr Leben wird vom Aberglauben, von der Angst vor bösen Geistern und vielen Tabus bestimmt. So sehr, daß sie an Unterernährung, an Krankheiten leiden und ihnen die Gefahr droht, ganz auszusterben.

Die biblische Botschaft wurde der Gesundheitsfürsorge mancher asiatischer Regierungen zu einer großen Hilfe. Bei den Tagals war es z. B. den schwangeren Frauen und stillenden Müttern verboten, frisches Gemüse zu essen. Da bei den Urstämmen die Frauen normalerweise bis zur nächsten Schwangerschaft stillen, bedeutet dies für die jungen Tagal-Frauen, daß sie bis zur Entwöhnung ihres letzten Kindes kein frisches Gemüse essen durften. Bedenkliche Blutarmut (Anämie) und mangelnde Widerstandsfähigkeit gegen Krankheiten waren die Folge. Schon eine Erkältung wurde für Mutter und Kind zur le-

Das Hospital von Manorom in Zentralthailand bietet Gelegenheit, in einer buddhistischen Umgebung Nächstenliebe zu üben.

Eine der Lepraklininiken im nahegelegenen Utai.

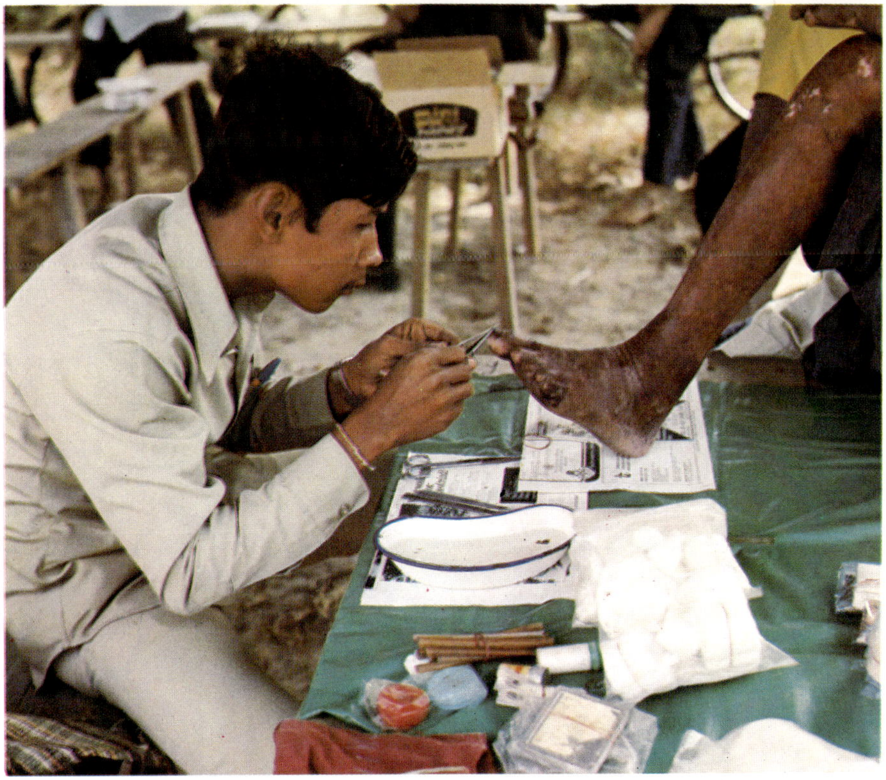

Predigen und soziales Handeln: Ein Missionar in Mayabig/Philippinen verbindet als Landwirtschaftsfachmann den biblischen Unterricht mit der landwirtschaftlichen Arbeit.

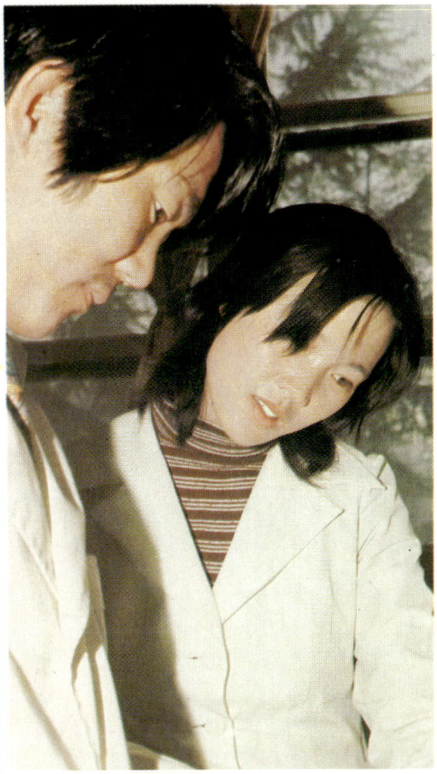

Ein Missionar unterrichtet an der Universität von Hongkong in Elektronik auf dem Gebiet der Satellitenübermittlung.

In der Masan-Klinik/Korea (rechts).

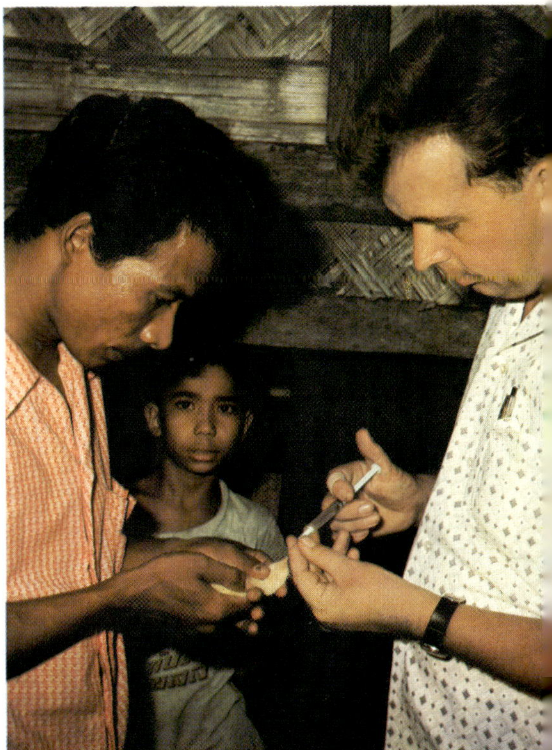

Ein Professor fur Physik demonstriert einen Versuch. An der Medan-Universität in Sumatra (unten links).

Eine kleine Hühnerfarm soll Leprapatienten helfen, ihr Einkommen zu verbessern. Hier erhalten sie das nötige Wissen.

Unterschiedliche Situationen verlangen unterschiedliche Formen missionarischer Arbeit: Junge Leute singen in einer Kaffeebar in Japan (rechts).

Eine Gruppe Studenten sammelt sich in Manila/Philippinen (oben).

Das Schiff „Logos" reist mit einer Ausstellung von Schul- und Bildungsliteratur sowie anderen Unterrichtshilfen von Hafen zu Hafen.

Lehre sie, damit sie andere lehren! Welche Hilfsmittel können eingesetzt werden? Ein Missionar bespricht mit dem Lehrer den Unterricht (oben), bevor dieser den Unterricht hält (Bild rechts).

Gebet vor einer Taufe im Freien auf den Philippinen.

Worauf die Missionsarbeit auch immer spezialisiert ist, das seelsorgerliche Gespräch, Besuche und geistliche Betreuung sind immer noch die wesentlichen Grundzüge.
Viele „sozialen" Probleme können erst gelöst werden, wenn die Macht der Geister und die Furcht vor Tabus gebrochen ist.

bensgefährlichen Krankheit, zumal eine schnelle ärztliche Versorgung im schwer zugänglichen Stammesgebiet nicht möglich war.

Erst die Missionsarbeit löste dieses „medizinische" Problem. Jesus Christus erwies sich als stärker und überwand die Macht der Geister und den Bann der Tabus.

Die Urstämme auf den Philippinen sollen sich „sozial anpassen". Die Anpassung selbst orientiert sich an bestimmten Normen, die als „zivilisiert" gelten. So müssen die Bergbewohner zum Beispiel eine vollständige Bekleidung tragen. Ohne diese Bekleidung können Kinder aus den Urstämmen keine Schule im Flachland besuchen. Selbst Erwachsene, die in die Städte müssen, haben Schwierigkeiten wegen ihrer „Lendenschurz-Kultur". Ohne Hemd gibt es in manchen Gegenden keinen Zutritt in die Stadt.

Auch die Missionare des 19. Jahrhunderts wollten die Urstämme dazu bringen, „vernünftige Kleider" zu tragen. Aber derartige Forderungen stellt heute niemand mehr. Die Missionare versuchen heute nicht, die einheimische Kultur zu verändern, soweit sie nicht von heidnischen Praktiken bestimmt wird. Oft widerstehen sie sogar dem

Der Pilot der Missionary Aviation Fellowship in Sarawak hält die lebenswichtige Verbindung und Versorgung aufrecht.

Druck von außen und verteidigen die bestehende Kultur der Urstämme, z. B. in dieser Kleiderfrage.

In den Bergen sind westliche Kleidungsstücke auch viel zu unpraktisch. Sie werden schnell schmutzig, und wer hat schon Seife, sie zu waschen? Außerdem sind die Urwälder in den Bergen feucht. Es regnet zu bestimmten Jahreszeiten täglich. Die Kleidungsstücke können nicht trocknen, werden grau und müssen wieder feucht angezogen werden. Erkältungskrankheiten wären bei einer vollständigen Bekleidung also weit häufiger, nicht seltener. Warum sollen die Urstämme also nicht bei ihrem praktischen Allwetter-Lendenschurz bleiben?

Missionare ermutigen die einheimischen Prediger in den Bergen zuweilen, zum Lendenschurz zurückzukehren. Die Menschen dort sollen merken, daß die Prediger ihnen nicht die Kultur des Flachlandes aufzwingen, sondern das Evangelium bringen wollen. Sie sollen merken, daß sie von Christus nicht wie von den zivilisierten Flachländern verachtet werden, sondern daß er sie annimmt und liebt, so wie sie sind.

Missionare und einheimische Kultur

Leider wird oft übersehen, daß die Missionare einen sehr wichtigen Beitrag leisten, um die Urstammkulturen zu erhalten. In vielen Ländern Asiens sprechen und verstehen sie als einzige die Sprache der Urstämme. Die Regierungen selbst kümmern sich kaum um die Sprachen von Minderheiten. In der Regel wird erwartet, daß die Urstämme die Landessprache lernen; deshalb werden sie auch in der Landessprache angesprochen.

Der Missionar trägt die traditionelle einheimische Kleidung, um mit den Leuten auf dem Versammlungsplatz zu sprechen.

Würden die Urstammsprachen durch die Missionare nicht erarbeitet und schriftlich festgehalten, müßten sie wohl aussterben. Es ist also das Verdienst der Missionare, wenn Sprachgruppen erhalten bleiben. Der Missionsauftrag geht gelegentlich sogar so weit, daß der Missionar Gesangzyklen „seines" Stammes festhält und erforscht; nur damit er die Menschen besser verstehen und auf sie eingehen kann.

Nun darf aber nicht der Eindruck entstehen, als sei die Missionsarbeit gegen die Staaten gerichtet, in denen die Urstämme wohnen. Die Missionare erforschen nicht deshalb ihre Schriften, um die Urstämme aus dem bestehenden Staatsverband herauszulösen. Sie versuchen im Gegenteil, den Urstämmen ein Leben in den einzelnen Staaten zu ermöglichen! In der Urstammarbeit auf Thailand sind deshalb die Schriftzeichen der Thais übernommen worden. Die Urstammleute können dadurch nicht nur ihre eigene Schrift, sondern auch die der Thais lesen.

Ein Problem für jeden Missionar ist seine eigene kulturelle Prägung. Er kann die Kultur, in der er geboren wurde und aufgewachsen ist, nicht verleugnen. Ohne daß er es merkt, werden sich darum die Eigenheiten seines Mutterlandes in die Missionspraxis einschleichen. Unsere persönliche Prägung aber hat mit der Substanz des biblischen Christentums überhaupt nichts zu tun. Leider sind sie aber auf dem ganzen Missionsfeld zu finden. Man kann mit Recht fragen, warum in Singapur eine typisch anglikanische Kathedrale steht und warum die Christen dort überzeugte Anglikaner geworden sind. Erstaunlich auch, daß die Christen im Norden Japans den Baptisten im Süden Amerikas so unerhört gleich sind.

Manche Missionare haben typische gottesdienstliche Formen ihrer Heimat auf das Missionsfeld gebracht. Auf den Philippinen haben

Im Gespräch mit einer jungen Mutter nach einem Gottesdienst des Alangan-Stammes auf Mindoro/Philippinen. Der christliche Glaube kennt keine kulturellen Grenzen.

Jung und alt versammelt sich zum Singen in Saba/Sarawak. Die indonesischen geistlichen Lieder verraten den holländischen Einfluß trotz aller Anstrengungen, Melodien zu schaffen, die der einheimischen Kultur besser angepaßt sind.

amerikanische Missionare z. B. den Dienst des „Gesangleiters" eingeführt; er ist für das Singen im Gottesdienst verantwortlich. Auch auf Klavier und Orgel wollten sie nicht verzichten, die wie zu Hause gleichzeitig gespielt werden. Sogar die Gottesdienstzeiten haben sie auf den späten Vormittag verlegt, eine unmögliche Zeit für die Tropen! Es ist dann sehr heiß, und die Leute sind müde und hungrig.

Die großen Konfessionen sind geschichtlich in Europa und Amerika gewachsen und haben deshalb überhaupt keine Beziehung zu Asien. Wenn sie in ihrer europäischen oder amerikanischen Ausprägung den Asiaten aufgedrängt werden, stiftet das nur Verwirrung. Aber es wäre falsch, deshalb die Missionsarbeit in ihrer Gesamtheit abzulehnen. Niemand käme z. B. auf den Gedanken, die Medizin zu verdammen, nur weil einige Ärzte falsche Diagnosen gestellt und Menschen falsch behandelt haben. Neben manchem, was sicher nicht gut war, hat die Missionsarbeit einen wertvollen Dienst in Asien geleistet. In medizinischer Hinsicht ist das offensichtlich.

Auch die asiatische Kultur wurde von der Mission nicht einfach beiseite geschoben. Dies bezeugt z. B. die Architektur einiger indonesischer Kirchen, welche die Bataks auf Sumatra und die Torajas auf Sulawesi gebaut haben. Sie ist weder europäisch noch amerikanisch beeinflußt, sondern entspricht ihrer eigenen Kultur.

In Sarawak wohnen die Christen wie bisher in ihren althergebrachten Langhäusern. Und wenn sich heute der eine oder andere doch ein „Einfamilienhaus" baut, dann weil er es bei den Küstenbewohnern gesehen hat und nicht, weil der Missionar das vorgeschlagen hätte.

Schon die Ausbildung der Missionare ist heute darauf ausgerichtet, eigene kulturelle Eigenheiten bewußt werden zu lassen. Sie sollen nicht auf das Missionsfeld gebracht werden. Es gibt zu diesem Zweck eigens eine Zeitschrift, die sich mit den Fragen der Verständigung über kulturelle Grenzen hinweg beschäftigt. Ziel ist auch hier, die kulturelle Entwicklung der Missionsländer in ihrer Eigenart nicht zu stören.

Die christliche Missionsarbeit ist das positive Modell für ein „Asien im Wandel". Nur von Christus kommt die lebendige Kraft, die Menschen von innen heraus verändert. Der Glaube dieser Menschen ist die Kraft, die ihre Gesellschaft verändern kann. Dadurch, daß man alte Glaubens- und Kulturgüter vernichtet, verändert man nichts Entscheidendes. Revolutionen und Umstürze haben – auf lange Sicht gesehen – keinen Sinn, weil sie im Grunde das alte System nur umstülpen. Der Erfolg der Missionsarbeit beruht denn auch nicht auf irgendwelchen Methoden und Modellen, sondern auf Christus selbst. Er selbst ist die lebendige Kraft, die diese positiven Veränderungen bewirkt.

Kapitel 5

Hoffnung für Asien?

Einige der Probleme Asiens sind uns bewußtgeworden. Aber die Frage bleibt: Wohin führt das alles? In die Abhängigkeit von der Technologie? Viele asiatische Staaten sind auf dem Wege dorthin. Wir Europäer erfahren bereits die Gefahren einer Gesellschaft, die immer unpersönlicher wird. Kann das der Weg für Asien sein? Können so Asiens Menschenmassen gelenkt werden? Man darf wohl davon ausgehen, daß hier die Nivellierung der Person noch extremer, noch radikaler als in Europa und Amerika wäre.

Nach einem früheren Plan sollte Hongkong abgerissen und in drei übereinanderliegenden Stockwerken neu aufgebaut werden. Für die Industrie war das Erdgeschoß vorgesehen. Die Kaufhäuser sollten in der ersten Etage Platz finden. Über diesen beiden Stockwerken hatten die Konstrukteure das Wohngebiet vorgesehen. Damit allerdings wäre dann die Kopie des Insektenstaates perfekt gewesen. Wenn das Leben nur noch nach mechanischen Gesetzen ablaufen soll, ist selbst das entbehrungsreichste Landleben noch himmlisch zu nennen.

Durch die voranschreitende Technisierung sind die Asiaten auf dem Weg in eine geisttötende Monotonie, die schließlich keine positiven Veränderungen mehr zuläßt. Wie können sie diesem furchtbaren Weg entgehen? Wie entrinnen sie dem programmierten Alltag, der auf sie zukommt? Unerbittlich wird der einzelne in diese Lebensform hineingezogen und muß wie ein kleines Rädchen in einem vollmechanisierten Betrieb mitlaufen.

In welchem Maße aber ist die heranwachsende Generation bereit, diese Art von Veränderung zu akzeptieren? Wird die technisierte Welt ihr Leben ausfüllen? Findet sie sich damit ab, Persönlichkeit und Individualität zugunsten des volltechnisierten „Insektenstaates“ aufzugeben?

Die Jugend Europas und Amerikas hat sich zum großen Teil nicht damit abgefunden. Sie hat der Welt der Technokraten den Rücken gekehrt; denn diese Welt hat sie nicht befriedigen können. Sie allerdings postulieren nun die höchst subjektive Erfahrung im Drogenrausch oder im Zen-Buddhismus.

Viele Asiaten sind dabei, die Geborgenheit der alten Traditionen zu verlieren. Konsum und Technik können dieses Vakuum nicht ausfüllen. Der Marxismus irrt sich, wenn er das behauptet. Ein Mensch ist nicht zwangsläufig zufrieden oder gut, wenn er nur keine materiellen Wünsche mehr hat. Im Gegenteil! Obwohl die westliche Welt den höchsten Lebensstandard hat, wachsen dort Probleme wie Kriminalität und Drogenmißbrauch unaufhaltsam, steigt die Zahl der Selbstmorde in jedem Jahr.

Es ist wichtig, daß alle genug zu essen haben. Wer aber meint, materieller Konsum sei alles, irrt sich. Man betrachtet von daher mit Besorgnis die rasante industrielle Entwicklung der Länder Asiens.

Die arme Bevölkerung läßt sich leicht zu Höchstleistungen anspornen. Aus ihrer Sicht erscheint der Fortschritt als das einzig Erstrebenswerte. Der materielle Wohlstand kann aber die Probleme Asiens nicht lösen. Er kann eine positive Veränderung sogar verhindern, weil die Menschen – diesem Wohlstand ausgeliefert – die eigentlichen Probleme oft nicht mehr erkennen. Sie sehen nur noch sich und ihre Bedürfnisse. Sind sie aber satt geworden, wollen sie ihre Ruhe haben.

Der erstrebte Wohlstand hält nicht, was er verspricht. Wenn die Asiaten ihre materiellen Ziele eines Tages erreichen, werden auch sie das feststellen. Vielleicht fragen sie dann: „Warum sollen wir denn überhaupt noch arbeiten? Und wozu sollen unsere Kinder eigentlich noch zur Schule gehen? Was erreichen wir damit? Hat uns die Wohlstandsgesellschaft denn das geboten, was wir eigentlich suchten?"

Anders als wir Europäer werden die Asiaten dann kaum im Opiumrausch oder im Zen-Buddhismus Zuflucht suchen können; denn

In Sarawak wohnen die Christen wie bisher in ihren althergebrachten Langhäusern.

Eine „Kirche" auf den Philippinen.

sie haben längst festgestellt, daß die subjektive Erfahrung keine Lösung der Probleme bringt. Wenn ich mich total in mich selbst zurückziehe, ignoriere ich letztlich nur die Probleme, ohne sie beseitigen zu können.

Wie lassen sie sich nun wirklich und endgültig lösen? Wir haben gesehen, daß die Veränderungen äußerer Lebensbedingungen in die Sackgasse führen und daß „innere Erfahrungen" die Probleme nur ignorieren. Wichtigster Ausgangspunkt für alle Veränderungen muß deshalb der Mensch selbst bleiben. Nur wenn er verändert wird, kann auch die Welt geändert werden.

Modelle neuer Lebensgemeinschaften

Wie und zu welchem Zweck soll der Mensch aber verändert werden? Eine Antwort auf diese Frage darf nicht nur den einzelnen betreffen, sondern muß für die ganze Gesellschaft, in der er lebt, Bedeutung haben. Auch das Evangelium ist nicht nur für den einzelnen gegeben worden, sondern für die Gesellschaft, in der er lebt. Ihr gilt deshalb auch die Sorge des Christen.

Hat das Evangelium eine Antwort auf die hier gestellten Fragen? Kann es den einzelnen so verändern, daß er für die Gesellschaft etwas bewirkt, und kann es umgekehrt eine Gesellschaft schaffen, die dem einzelnen echte Geborgenheit vermittelt? Läßt sich die geschilderte Entwicklung der asiatischen Gesellschaft dadurch aufhalten?

Manchmal erinnert uns in tropischer Hitze ein kurzer Windstoß daran, daß es auch angenehme Kühle gibt. Ab und zu finden wir einen

Trotz der Bemühungen der Missionare, die einheimische Kultur zu erhalten und zu fördern, verschwinden manche Praktiken unter dem Einfluß des neuen Glaubens.
Dieses Kuching-Mädchen wurde mit drei Jahren auf schmerzhafte Weise tätowiert, indem ihm Ruß von Heizöl unter die Haut gebracht wurde.

Menschen, der dem Trott der großen Masse nicht folgt, der sich durch die Reklametricks unserer Konsumgesellschaft nicht verführen läßt.

Vor kurzem besuchte ich einen christlichen Stamm im Dschungel Sarawaks. Was mir als erstes auffiel, waren die fröhlichen Kinder. Ich beobachtete, wie sie im Fluß gegen die starke Strömung anzuschwimmen versuchten, wie sie in kleinen Booten den Kampf mit den Wellen aufnahmen. Nachdem wir ihnen eine Weile zugeschaut hatten, wuschen wir uns am Strand, um dann auf der Veranda eines Kayan-Langhauses die Abendkühle zu genießen. Es hatte siebzig Türen, hinter denen siebenhundert Menschen lebten.

Bei Anbruch der Dämmerung kamen alle Leute des Stammes und „setzten sich mit den anderen auf dieselbe Bank“ – so lautet eine ihrer Redewendungen.

Es waren Leute, die vom Baden oder von der Jagd heimkehrten. Einige hatten Bananen in den Händen, die sie für ihre Familie nach Hause brachten. Kinder sprangen über Bambusstangen oder Schilfpalmseile.

Früher waren diese Menschen Kopfjäger gewesen. Sie litten unter schlechter Ernährung, Trunksucht und den Folgen hemmungs- und wahlloser Geschlechtsbeziehungen. Nachdem sie Christen geworden waren, wurden sie davon frei. Ihr Christentum aber bestand nicht nur aus einem Sonntagmorgengottesdienst, wie so oft bei uns im Westen, wo der eine kaum Notiz vom andern nimmt. Es bestand vielmehr aus einer Gemeinschaft, die „ein Herz und eine Seele“ war.

Ich habe in vielen Ländern bei vielen Familien viele Wochenenden verbracht. Aber nirgendwo anders bin ich so herzlich auf- und angenommen worden wie dort. Wir wurden nicht als Ausländer oder Fremde behandelt, sondern als Christen in die „Hausgemeinschaft Gottes“, in die Langhausfamilie mit hineingenommen. Wir gehörten dazu!

Das ist die christliche Lösung der Probleme Asiens! Sie wird heute vielfach ausprobiert. Mit Erfolg übrigens, denn das Christentum wird nicht als Privatsache angesehen, sondern gilt als „Gemeinschaftsreligion“. Natürlich muß der Glaube immer erst beim einzelnen anfangen. Dort hört er aber nicht auf, sondern er geht weiter: Ganze Familien, Lebensgemeinschaften und Stämme werden verändert.

Um es noch einmal zu sagen: Es geht nicht nur um die Errettung des einzelnen durch Gott. Unser neues Verhältnis zu Gott muß sich zwangsläufig auf unsere Umgebung auswirken. Durch den einzelnen neuen Menschen müssen die bestehenden Verhältnisse und Verhaltensweisen einer Gemeinschaft so verändert werden, daß sie als Vorbereitung für einen neuen Himmel und eine neue Erde dienen können.

Viele asiatische Religionen haben den Menschen persönliche religiöse Erfahrungen angeboten und auch „Errettung“ in irgendeiner Form. Neu am Christentum ist das Konzept eines „erlösten Gottes-

ASIYA
— Ham
— hayo
gi hayo, giwa hayo
ham, hayo
In Diyos
Panginoon
fadowasay Masidoniya hanggan Akaya
PALESTINA
— pag-ibig
— pagasa
tisalonika
Masidoniya hanggan Akaya

Christen kommen zusammen:
zur Sonntagsschule auf den Philippinen (links);
in einem Langhaus in Sarawak (rechts);
zur Besprechung, welche Bücher veröffentlicht werden sollen – in Hongkong (Bild unten).

An der Ranau-Bibelschule, Saba (oben links).
Filipino-Studenten in einer Bibelstunde (oben rechts).
Beim Singen in einer Kirche in Korea.
Ein Filipino arbeitet als Missionar in Japan.
Gottesdienst in einer Flüchtlingsgemeinde (unten links) im vom Krieg gezeichneten Pnom Penh.
Während der Sonntagsschule in Manila (unten rechts).

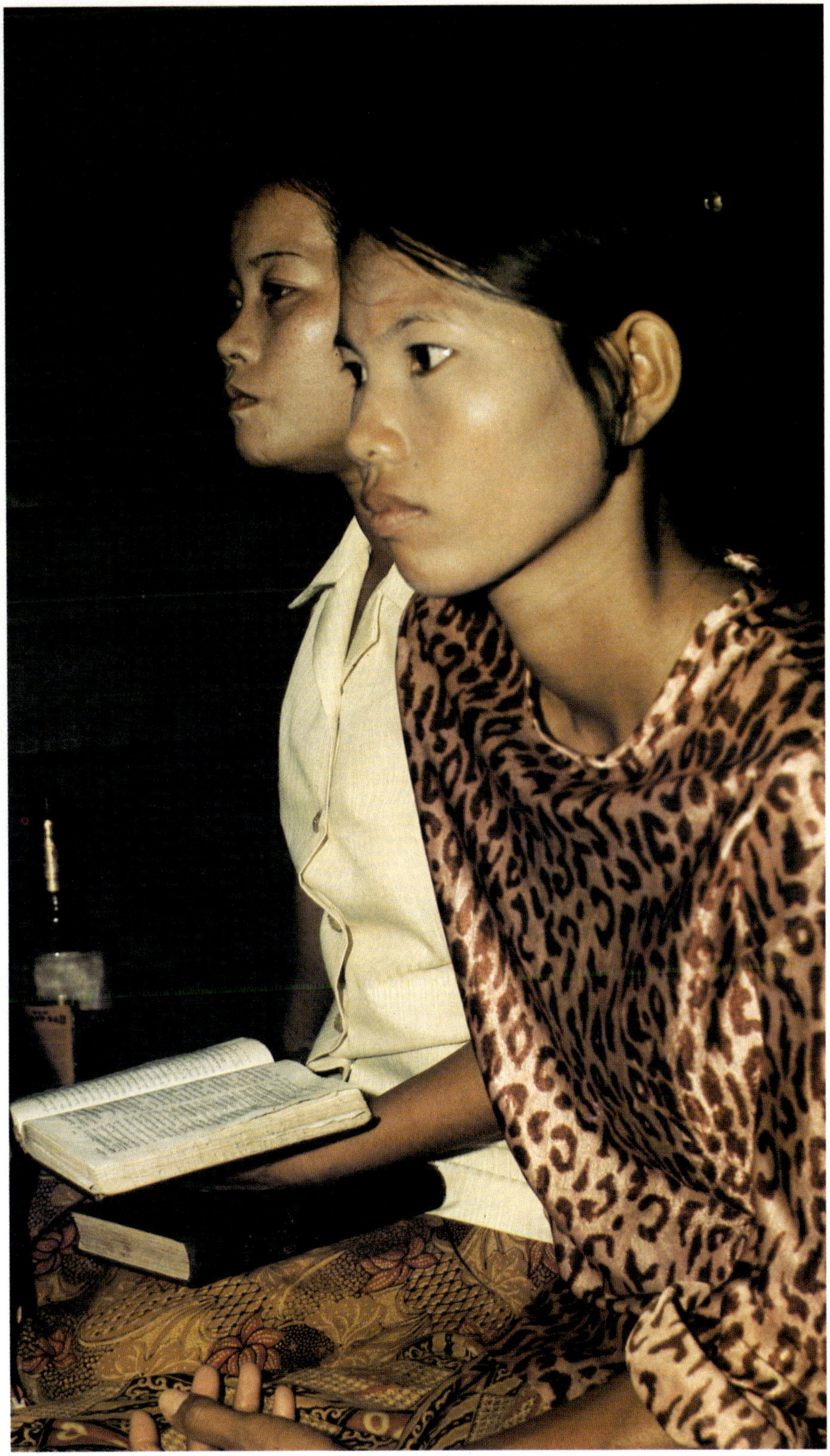

Hausversammlung in Manorom/ Thailand.

Eine Gemeinde in Korea nach Schluß des Gottesdienstes.

Unterschiedliche Architektur an Kirchen:
im Gebiet von Yap in Nordthailand (links);
im traditionellen Stil von Sumatra (oben)
und etwas unkonventioneller: Ein ausrangiertes Schiff dient einer Gemeinde im Flüchtlingsgebiet von Pnom Penh als Versammlungsort.

Zwei verheiratete Christinnen, Frauen aus dem Gebiet der Meo in Nordthailand, nehmen an einem Schulungskurs teil.

volkes". Die Christen im Westen stehen ständig in der Gefahr, den Aspekt der Gemeinsamkeit zu übersehen.

Nicht nur von seinem Ursprung her ist das Christentum stärker in Asien beheimatet als in Europa. Ohne die Auswüchse und abergläubischen Praktiken des Mittelalters hat es für Asien eine klare und willkommene Botschaft.

Was ist das – „Christentum"?

Wer das Christentum verstehen will, muß sich mit der Bibel befassen, seinem wesentlichsten Dokument. Dort lesen wir von Gott, der alle Dinge schuf – zuletzt den Menschen, mit dem er in Gemeinschaft leben wollte. Wir erfahren auch, daß der Mensch sich der Güte Gottes entzog, um ein eigenständiges Leben zu führen. Damit wurde der dem Bösen verfallene Mensch zum Prototyp des Menschen schlechthin.

Gott aber hat die gefallene Welt nicht dem Bösen ausgeliefert. Er kam in diese Welt, um den Anfang einer neuen Menschheit zu setzen. Zu diesem Zweck hat er sich unauflösbar mit den Menschen verbunden: in Jesus Christus, der zugleich Gott und Mensch war. Er wurde an einem bestimmten Ort, zu einer bestimmten Zeit geboren und bewies durch seine Lehre, durch außergewöhnliche Wundertaten und nicht zuletzt durch seinen von ihm selbst und den alttestamentlichen Propheten angekündigten Kreuzestod, daß er der von Gott versprochene Retter war. Diese Geschehen lassen sich historisch einordnen.

Gott ist also tatsächlich Mensch geworden; er hat uns mit sich selbst versöhnt. Früher trennten uns die Sünden von ihm, jetzt aber können wir wieder Gemeinschaft mit ihm haben. Alle können „Teilhaber der göttlichen Natur" werden (2. Petrus 1,4).

Dies geschieht dadurch, daß Christus selbst in uns wohnt. „Wohnen" aber ist ein aktivisches Wort. Jesus Christus ändert täglich unser Leben. Der „Christus in uns" schafft eine neue Gemeinschaft von „Brüdern und Schwestern", deren Zusammenhalt die Liebe ist. Sie müssen nicht unbedingt wie die Christen im Urwald Sarawaks in einem Haus zusammenwohnen. Diese Gemeinschaft ist auch unter verstreut lebenden Christen in den Weltstädten Hongkong oder Singapur, in den Bauerndörfern Thailands vorhanden, ja selbst in den vielen Flüchtlingslagern Asiens. Überall und in jeder Situation ist diese innige Gemeinschaft durch Jesus möglich.

Das Christentum ist die einzige Religion, die bestehende Probleme auf eine realistische Art und Weise zu lösen vermag. Denn Jesus ist nicht im Tod, im Leiden geblieben. Er hat durch seine Auferstehung dem Tode vielmehr die Macht genommen.

Daß Jesus in dieser Weise leiden mußte, ist für einen Asiaten schwer zu begreifen. In einem Buch der Sookagakkai-Sekte in Japan wird deshalb die kritische Frage gestellt: „Warum konnte Jesus diesem schmachvollen Tod nicht entrinnen?"

Eine Gemeinde in Saba/Ostmalaysia. Das Christentum wird als „Gemeinschaftsreligion“ verstanden.

In den Augen der Asiaten hat er dadurch alle Ehre und jegliches Ansehen verloren. Daß Jesus sich kreuzigen ließ, war eine Schande für ihn. War er nicht ein außergewöhnlicher Mann? Und hätte er nicht Außergewöhnliches tun können? Sagte er nicht, er sei Gottes Sohn, der vom Himmel zu uns kam, der bereits vor Schöpfung der Welt beim Vater war und dessen Herrlichkeit teilte? Hat Gott ihm nicht alle Macht und Gewalt übertragen? Und dann wurde er gekreuzigt! Das stellte doch alles wieder in Frage!

Genau diesen Eindruck aber wollten die Peiniger Jesu erreichen. Jesus hätte ja wie manche der alttestamentlichen Propheten gesteinigt werden können. Doch seine Feinde wählten den Kreuzestod, um die Glaubwürdigkeit Jesu restlos zu zerstören. Er sollte als Schwindler und Betrüger erscheinen; denn es durfte keine Christen und kein Christentum geben. Der Name Jesu mußte für immer verschwinden.

Aber nicht die Kreuzigung, sondern die Auferstehung ist das letzte, was uns die Evangelien von Jesus berichten. Durch die Auferstehung hat Jesus nicht nur sein Leiden und seine Erniedrigung hinter sich gelassen, sondern auch unser Elend. Er hat die Welt überwunden, damit wir endlich Frieden finden.

Daß der Name Jesu nicht tatsächlich in Vergessenheit geriet, ist nur durch seine Auferstehung zu erklären. Visionen und Fiktionen hätten die Jünger nicht überzeugt. Aber von der Auferstehung her bekommt die Katastrophe am Kreuz ihren Sinn. Sie sollte eine zerstörte Welt heilen.

Hat Jesus durch seinen Kreuzestod wirklich „sein Gesicht verloren“, hat er keine „Ehre“ mehr? Die zahlreichen Christen in den Ländern Asiens beweisen das Gegenteil. In Korea gibt es ca. drei und in Indonesien über sechs Millionen Christen. Viele Urstammleute aus Ostmalaysia, Taiwan und Thailand haben sich vom Geisterglauben abgewandt und sind Christen geworden. Sie glauben an den allmächtigen Gott. Auf Taiwan hat sich die Zahl der Christen zwischen 1950 und 1960 verdoppelt. Sehr eindrücklich ist auch die Tatsache, daß Asien heute nicht mehr nur missioniert wird, sondern selber Missionare nach Übersee sendet. In Thailand arbeiten z. B. Missionare aus Japan, Hongkong, Korea, Indien und von den Fidschi-Inseln. In anderen Gebieten Südostasiens arbeiten Teams aus Indonesien und Sarawak.

Glaube, der nicht tot ist

Die asiatischen Christen müssen für ihre Probleme innerhalb ihrer eigenen Kultur eine Antwort finden. Denn was für unseren Kulturkreis richtig sein mag, ist für den asiatischen noch lange nicht gut. Sie entledigen sich darum vieler europäischer und amerikanischer Formen christlichen Lebens, die der asiatischen Kultur fremd sind. Ihre Norm für Veränderung ist die Bibel, auf die sie immer mehr zurückgehen. Sie lernen dabei die biblische Botschaft nicht als ein Überbleibsel längst vergangener Zeiten kennen, sondern als lebendige Kraft, die in der Lage ist, jeden einzelnen, aber auch Familien und gesellschaftliche Strukturen umzugestalten.

In welcher Beziehung stehen Tod und Auferstehung Jesu Christi, die immerhin zweitausend Jahre zurückliegen, zur Erfahrung junger Asiaten heute?

Stellen Sie sich einmal vor, Jesus wäre nach Kreuzigung und Auferstehung in Palästina geblieben. Jeder könnte ihn besuchen und eine persönliche Begegnung mit ihm haben. Man würde Charterflüge zu Jesus buchen können wie die Moslems an das Grab Mohammeds. Die Zahl der Menschen, die auf eine Gelegenheit zum Gespräch mit Jesus warten, würde immer größer. Wahrscheinlich müßten wir uns einige Jahre gedulden, bis wir endlich drankämen. Wegen der unübersehbaren Menschenmenge bekämen wir für ein Gespräch mit Jesus nur dreißig Sekunden Zeit. Ob diese kurze Vergewisserung uns eine dauerhafte Gewißheit vermitteln könnte? Wahrscheinlich hätten wir unsere Fragen überhaupt nicht richtig aussprechen können.

Deshalb „ist es besser für euch, daß ich hingehe, denn ich werde euch den Stellvertreter, den Heiligen Geist, senden". (Johannes 16,7). Durch den Heiligen Geist erfahren wir, daß Jesus Christus „da" ist; er übermittelt uns göttliches Leben in unser menschliches Dasein. Wir sind Christen, wenn Gott durch seinen Geist in uns lebt. Ohne ihn gäbe es nichts, was Menschen wirklich verändern kann.

Studenten in Manila/Philippinen versammeln sich zu Bibelstudium und Gespräch.

Inmitten all der anderen bedeutenden Veränderungen im heutigen Asien ist diese persönlich erfahrbare Veränderung die wichtigste. Die anderen Veränderungen geschehen außerhalb des Menschen, *diese* Veränderung aber können wir in uns selbst erfahren; dadurch, daß wir Jesus Christus bitten, uns zu verändern. Er selbst hat als Mensch ein äußerst harmonisches und erfülltes Leben geführt, und er ist bereit, durch seinen Geist auch in uns ein solches Leben zu bewirken. Durch sein Leiden und Sterben am Kreuz hat er die Macht der Sünde und des Bösen überwunden, und nun möchte er durch seinen Geist die Sünde und das Böse in unserem Leben überwinden.

Deshalb heißt Christwerden einfach: Jesus darum zu bitten, daß er durch seinen Geist in unser Leben kommt, daß er uns hilft, als neue Menschen dem lebendigen Gott zu dienen.

Dann werden wir entdecken, daß er in uns einen Umwandlungsprozeß beginnt, der uns ihm immer ähnlicher werden läßt. Gleichzeitig stellt er uns in die Gemeinschaft mit allen anderen Christen. Genau das können wir bereits heute in vielen Teilen Asiens beobachten.

Ich werde nie jene Gebetsversammlung in Seoul/Korea vergessen. Dort hatten sich zweitausend Menschen zusammengefunden. Ich habe gehört, wie diese zweitausend Leute alle zusammen beteten, und ich habe ihre geistliche Einheit deutlich gespürt.

Bei einer anderen Gelegenheit traf ich an der nördlichen Grenze Thailands einen jungen Mann aus einem Urstamm in Nord-Burma. Er war seit zwei Monaten zu Fuß unterwegs, weil er eine Bibel in seiner Stammessprache erwerben wollte. Sie war gerade übersetzt und gedruckt worden.

Diese Begegnung brachte mir zu Bewußtsein, daß die verändernde Kraft des Evangeliums bis in die Berge Zentral-Asiens vorgedrungen war und dort neue Gemeinden geschaffen hatte, die sich aber keineswegs mit ihrer bloßen Existenz selbstzufrieden begnügten. Der junge Mann unternahm den langen Marsch, weil er mehr von Christus wissen wollte. Er wollte die Bibel in seiner Muttersprache lesen können, um Jesus noch besser nachfolgen zu können, um noch mehr seine lebenumwandelnde Kraft zu erfahren.

Bevor auf den Philippinen rigoros jene „Ordnung" eingeführt wurde, von der wir schon gesprochen haben, besuchte ich dort eine Universität. Die Wände waren mit Parolen beschmiert, die nach einer marxistischen Revolution schrien. Ich fand aber auch eine Gruppe von hundert Studenten, die sich damit nicht zufrieden gaben. Ein Student charakterisierte das, indem er sagte: „Wir basteln keine Molotow-Cocktails, sondern geben den Menschen etwas zu essen, weil wir sie als Christen lieben."

Die Studenten waren sich der gewaltigen Kraft des christlichen Glaubens bewußt und räumten weder dem Kapitalismus noch dem

Junge Christen in Ostmalaysia.

Kommunismus kampflos das Feld. Sie hatten begriffen, daß der christliche Glaube die Probleme Asiens tatsächlich lösen kann.

Der dritte Weg

Die in Singapur erscheinende Tageszeitung „Mirror" greift einen Gedanken Arthur Koestlers auf, wenn sie in einem Artikel schreibt: „Während der letzten explosionsartigen Entwicklung des Menschen zum ‚homo sapiens' ist etwas schief gelaufen; da ist ein Bruch, als ob in unserem menschlichen Mechanismus so etwas wie ein Konstruktionsfehler offenbar geworden wäre, der den wahnwitzigen Zug, der sich durch unsere Geschichte zieht, erklären könnte – eine angeborene Funktionsstörung, eine arteigene Unordnung des Benehmens..."

Paulus kennzeichnet unser altes Leben nicht von ungefähr als „Wandel im Tod". Er meint das aber nicht im Sinne des Buddhismus, wonach wir nicht mehr wirklich, sondern nur noch scheinbar existieren. Nach Paulus leben wir im Tod, weil wir von Gott, der Quelle des Lebens, getrennt sind, weil wir nicht mehr nach Gottes Geboten, sondern nach unseren eigenen Maßstäben leben. Daraus ergibt sich der „wahnwitzige Zug" im Leben des Menschen. Statt von Gott werden wir von antigöttlichen Kräften inspiriert, beeinflußt und geformt.

Demnach haben die Animisten im Dschungel Asiens gar nicht so unrecht, wenn sie meinen, die Welt sei von bösen Geistern bevölkert. Nach Paulus sind nicht nur die Animisten, sondern alle Menschen diesen unbarmherzigen Geistesmächten hilflos ausgeliefert. Nicht, weil die Menschen von vornherein dazu bestimmt sind, sondern weil ihr eigener Wille sie dahin getrieben hat.

Sind wir diesem Schicksal hilflos ausgeliefert? Führt kein Weg aus dieser Versklavung? Die Situation Asiens entspricht auch unserer Lage. Auch wir sind den Veränderungen um uns preisgegeben. Ich meine Veränderungen, die uns Menschen voneinander isolieren. Im Epheserbrief spricht Paulus von der Entfremdung zwischen Juden und Heiden. Diese Entfremdung ist heute ganz allgemein. Sie findet zwischen Menschen, Rassen, Völkern statt. Ein unheimlicher Haß und gegenseitige Verachtung bestimmen die Beziehungen der Menschen untereinander.

Sind wir diesen Veränderungen hilflos ausgeliefert? Müssen wir unausweichlich nach den Errungenschaften unserer industrialisierten Gesellschaft streben? Sind wir dem materiellen Konsum verfallen?

Als Ausweg aus all diesen Zwängen bietet sich nur eine einzige Möglichkeit: Man muß sich vom Materialismus lossagen und an Jesus glauben. Denn Jesus liebte die Welt so sehr, daß er sich für uns alle geopfert hat und damit unsere Trennung von Gott aufhob. Mit Jesus sind wir darum nicht mehr den negativen Veränderungen ausgeliefert, die uns vernichten wollen.

Er kann den Menschen zum Guten hin verändern, ihm den Neid und den Haß nehmen, die keinen Frieden aufkommen lassen. Er überwindet die Ängste und Vorurteile dem andern gegenüber. Er schafft neue, intakte Lebensgemeinschaften und läßt uns zu neuen Menschen werden.

Die Fotos in diesem Buch sollen uns die Situation der Menschen in Asien sichtbar werden lassen. Einige dieser Asiaten haben die Wirklichkeit Gottes in ihrem Leben tatsächlich erfahren. Sie sind von Jesus aus dem Teufelskreis ihres eigenen Versagens und dem Versagen ihrer Umwelt herausgeholt worden. Sie haben einen dritten Weg gefunden.

In den Urwäldern Borneos lebt der Lun-Bawan-Stamm, der auch „Murut" genannt wird. Die Menschen dieses Stammes waren früher an durchschnittlich hundert Tagen im Jahr betrunken. Ganze Dörfer befanden sich tagelang im Vollrausch. Die Kinder wurden vernachlässigt und die Felder schlecht bestellt. Wegen böser Vorzeichen überließ man die Ernte oft dem Wild. Es war besser zu hungern als den Zorn der Geister herauszufordern.

Der Stamm richtete sich selbst zugrunde. Er zählte bald nur noch viertausend Menschen. Die übrigen waren an Unterernährung oder am Alkoholismus gestorben. Der Regierung blieb schließlich nichts anderes übrig, als den Stamm zu isolieren und seinem Schicksal zu überlassen.

Aber dann wurden diese Menschen Christen und ihre Lage änderte sich. Christus befreite sie vom Alkohol und den Tabus. Sie hatten wieder zu essen, und die Bevölkerungszahl wuchs. Vorher hieß es bei den Chinesen: „Erst kommen wir, dann die Malaien, danach die Hunde und schließlich die Muruts." Heute stellen sie verwundert fest: „Was ist bloß mit den Muruts geschehen! Sie sind fleißig, beherrscht und zuverlässig. Außerdem fürchten sie sich nicht mehr vor den Geistern! Wie ist das möglich?"

Dieselbe Veränderung will Christus überall in Asien wie auf der ganzen Welt bewirken. Dabei sind die unterschiedlichen sozialen Strukturen bedeutungslos. Die sozialen Nöte mögen anderswo vielschichtiger sein, aber das gleiche neue Leben steht allen zur Verfügung und damit die umwandelnde Kraft für den einzelnen und für ganze Gemeinwesen.

Asien verändert sich ständig. Die Frage ist nur: Führen diese Veränderungen zu einer menschenwürdigen Gesellschaftsform, in der sich auch die folgenden Generationen noch wohlfühlen können? Diese Frage sollte uns nicht gleichgültig sein; sie betrifft ja auch uns selbst. Für alle Menschen gilt deshalb die Antwort: Nur der Glaube an Jesus Christus hat die Kraft, Menschen zu verändern und eine Gesellschaft zu schaffen, in der niemand mehr ausgebeutet und übervorteilt wird, die von Frieden und gegenseitiger Liebe bestimmt ist.